U0478837

杭州优秀传统文化丛书
Hangzhou Youxiu Chuantong Wenhua Congshu

空山隐

周华诚 著

杭州出版社

图书在版编目（CIP）数据

空山隐/周华诚著．——杭州：杭州出版社，
2022.8
（杭州优秀传统文化丛书）
ISBN 978-7-5565-1692-6

Ⅰ．①空… Ⅱ．①周… Ⅲ．①隐士—研究—杭州
Ⅳ．①K203

中国版本图书馆CIP数据核字（2022）第004340号

Kong Shan Yin

空山隐

周华诚/著

责任编辑	夏斯斯
装帧设计	祁睿一　李轶军
美术编辑	祁睿一
责任校对	魏红艳
责任印务	屈　皓
出版发行	杭州出版社（杭州西湖文化广场32号6楼）
	电话：0571-87997719　邮编：310014
	网址：www.hzcbs.com
排　　版	浙江时代出版服务有限公司
印　　刷	天津画中画印刷有限公司
经　　销	新华书店
开　　本	710 mm×1000 mm　1/16
印　　张	14.75
字　　数	181千
版 印 次	2022年8月第1版　2022年8月第1次印刷
书　　号	ISBN 978-7-5565-1692-6
定　　价	58.00元

（版权所有　侵权必究）

序言

文化是城市最高和最终的价值

我们所居住的城市，不仅是人类文明的成果，也是人们日常生活的家园。各个时期的文化遗产像一部部史书，记录着城市的沧桑岁月。唯有保留下这些具有特殊意义的文化遗产，才能使我们今后的文化创造具有不间断的基础支撑，也才能使我们今天和未来的生活更美好。

对于中华文明的认知，我们还处在一个不断提升认识的过程中。

过去，人们把中华文化理解成"黄河文化""黄土地文化"。随着考古新发现和学界对中华文明起源研究的深入，人们发现，除了黄河文化之外，长江文化也是中华文化的重要源头。杭州是中国七大古都之一，也是七大古都中最南方的历史文化名城。杭州历时四年，出版一套"杭州优秀传统文化丛书"，挖掘和传播位于长江流域、中国最南方的古都文化经典，这是弘扬中华优秀传统文化的善举。通过图书这一载体，人们能够静静地品味古代流传下来的丰富文化，完善自己对山水、遗迹、书画、辞章、工艺、风俗、名人等文化类型的认知。读过相关的书后，再走进博物馆或观赏文化景观，看到的历史遗存，将是另一番面貌。

过去一直有人在质疑，中国只有三千年文明，何谈五千年文明史？事实上，我们的考古学家和历史学者一直在努力，不断发掘的有如满天星斗般的考古成果，实证了五千年文明。从东北的辽河流域到黄河、长江流域，特别是杭州良渚古城遗址以距今5300—4300年的历史，以夯土高台、合围城墙以及规模宏大的水利工程等史前遗迹的发现，系统实证了古国的概念和文明的诞生，使世人确信：这里是古代国家的起源，是重要的文明发祥地。我以前从来不发微博，发的第一篇微博，就是关于良渚古城遗址的内容，喜获很高的关注度。

我一直关注各地对文化遗产的保护情况。第一次去良渚遗址时，当时正在开展考古遗址保护规划的制订，遇到的最大难题是遗址区域内有很多乡镇企业和临时建筑，环境保护问题十分突出。后来再去良渚遗址，让我感到一次次震撼：那些"压"在遗址上面的单位和建筑物相继被迁移和清理，良渚遗址成为一座国家级考古遗址公园，成为让参观者流连忘返的地方，把深埋在地下的考古遗址用生动形象的"语言"展示出来，成为让普通观众能够看懂、让青少年学生也能喜欢上的中华文明圣地。当年杭州提出西湖申报世界文化遗产时，我认为这是一项需要付出极大努力才能完成的任务。西湖位于蓬勃发展的大城市核心区域，西湖的特色是"三面云山一面城"，三面云山内不能出现任何侵害西湖文化景观的新建筑，做得到吗？十年申遗路，杭州市付出了极大的努力，今天无论是漫步苏堤、白堤，还是荡舟西湖里，都看不到任何一座不和谐的建筑，杭州做到了，西湖成功了。伴随着西湖申报世界文化遗产，杭州城市发展也坚定不移地从"西湖时代"迈向了"钱塘江时代"，气势磅礴地建起了杭州新城。

从文化景观到历史街区，从文物古迹到地方民居，众多文化遗产都是形成一座城市记忆的历史物证，也是一座城市文化价值的体现。杭州为了把地方传统文化这个大概念，变成一个社会民众易于掌握的清晰认识，将这套丛书概括为城史文化、山水文化、遗迹文化、辞章文化、艺术文化、工艺文化、风俗文化、起居文化、名人文化和思想文化十个系列。尽管这种概括还有可以探讨的地方，但也可以看作是一种务实之举，使市民百姓对地域文化的理解，有一个清晰完整、好读好记的载体。

传统文化和文化传统不是一个概念。传统文化背后蕴含的那些精神价值，才是文化传统。文化传统需要经过学者的研究提炼，将具有传承意义的传统文化提炼成文化传统。杭州与丛书作者在创作方面作了种种古为今用、古今观照的探讨交流，还专门增加了"思想文化系列"，从杭州古代的商业理念、中医思想、教育观念、科技精神等方面，集中挖掘提炼产生于杭州古城历史中灵魂性的文化精粹。这样的安排，是对传统文化内容把握和传播方式的理性思考。

继承传统文化，有一个继承什么和怎样继承的问题。传统文化是百年乃至千年以前的历史遗存，这些遗存的价值，有的已经被现代社会抛弃，也有的需要在新的历史条件下适当转化，唯有把传统文化中这些永恒的基本价值继承下来，才能构成当代社会的文化基石和精神营养。这套丛书定位在"优秀传统文化"上，显然是注意到了这个问题的重要性。在尊重作者写作风格、梳理和讲好"杭州故事"的同时，通过系列专家组、文艺评论组、综合评审组和编辑部、编委会多层面研读，和作者虚心交流，努力去粗取精，古为今用，这种对文化建设工作的敬畏和温情，值得推崇。

人民群众才是传统文化的真正主人。百年以来，中华传统文化受到过几次大的冲击。弘扬优秀传统文化，需要文化人士投身其中，但唯有让大众乐于接受传统文化，文化人士的所有努力才有最终价值。有人说我爱讲"段子"，其实我是在讲故事，希望用生动的语言争取听众。今天我们更重要的使命，是把历史文化前世今生的故事讲给大家听，告诉人们古代文化与现实生活的关系。这套丛书为了达到"轻阅读、易传播"的效果，一改以文史专家为主作为写作团队的习惯做法，邀请省内外作家担任主创团队，组织文史专家、文艺评论家协助把关建言，用历史故事带出传统文化，以细腻的对话和情节蕴含文化传统，辅以音视频等其他传播方式，不失为让传统文化走进千家万户的有益尝试。

中华文化是建立于不同区域文化特质基础之上的。作为中国的文化古都，杭州文化传统中有很多中华文化的典型特征，例如，中国人的自然观主张"天人合一"，相信"人与天地万物为一体"。在古代杭州老百姓的认知里，由于生活在自然天成的山水美景中，由于风调雨顺带来了富庶江南，勤于劳作又使杭州人得以"有闲"，人们较早对自然生态有了独特的敬畏和珍爱的态度。他们爱惜自然之力，善于农作物轮作，注意让生产资料休养生息；珍惜生态之力，精于探索自然天成的生活方式，在烹饪、茶饮、中医、养生等方面做到了天人相通；怜惜劳作之力，长于边劳动、边休闲娱乐和进行民俗、艺术创作，做到生产和生活的和谐统一。如果说"天人合一"是古代思想家们的哲学信仰，那么"亲近山水，讲求品赏"，应该是古代杭州人的生动实践，并成为影响后世的生活理念。

再如，中华文化的另一个特点是不远征、不排外，这体现了它的包容性。儒学对佛学的包容态度也说明了这一点，对来自远方的思想能够宽容接纳。在我们国家的东西南北甚至是偏远地区，老百姓的好客和包容也司空见惯，对异风异俗有一种欣赏的态度。杭州自古以来气候温润、山水秀美的自然条件，以及交通便利、商贾云集的经济优势，使其成为一个人口流动频繁的城市。历史上经历的"永嘉之乱，衣冠南渡"，"安史之乱，流民南移"，特别是"靖康之变，宋廷南迁"，这三次北方人口大迁移，使杭州人对外来文化的包容度较高。自古以来，吴越文化、南宋文化和北方移民文化的浸润，特别是唐宋以后各地商人、各大商帮在杭州的聚集和活动，给杭州商业文化的发展提供了丰富营养，使杭州人既留恋杭州的好山好水，又能用一种相对超脱的眼光，关注和包容家乡之外的社会万象。这种古都文化，也代表了中华文化的包容性特征。

城市文化保护与城市对外开放并不矛盾，反而相辅相成。古今中外的城市，凡是能够吸引人们关注的，都得益于与其他文化的碰撞和交流。现代城市要在对外交往的发展中，进行长期和持久的文化再造，并在再造中创造新的文化。杭州这套丛书，在尽数杭州各色传统文化经典时，有心安排了"古代杭州与国内城市的交往""古代杭州和国外城市的交往"两个选题,一个自古开放的城市形象,就在其中。

"杭州优秀传统文化丛书"团队在传统和现代的结合上,想了很多办法,做了很多努力。传统文化丛书要得到广大读者接受,不是件简单的事。我们已经走在现代化的路上,传统和现代的融合,不容易做好,需要扎扎实实地做,也需要非凡的创造力。因为,文化是城市功能的最高价值,也是城市功能的最终价值。从"功能城市"走向"文化城市",就是这种质的飞跃的核心理念与终极目标。

2020年9月

(单霁翔,中国文物学会会长)

西湖图（局部）

目 录

引 言

第一章
严光：垂钓者
006　　寻隐记
008　　会面记
012　　云水记

第二章
葛洪：择一事，终一生
021　　苦孩子
023　　湖山间
025　　神仙事
030　　祖师爷

第三章
褚伯玉：采霞而食
035　　仓促逃婚

037	采霞而食	
040	悠然世外	

第四章
林逋：梅妻鹤子

044	到了孤山，可以停下浪游的脚步	
046	种百株梅树，换点酒钱	
049	有趣的灵魂，万里挑一	
051	湖上四时，无一日不恬然自足	

第五章
周密：癸辛街的乡愁

058	一个文人的背影	
060	两段不同的人生	
062	那纷纷的故国记忆	
065	二十年江湖隐者	

第六章
汪元量：宫廷琴师

072　悲怆北上

074　宋室消亡

077　湖山归隐

第七章
黄公望：人生从来没有弯路

082　生性爱自由

085　飘零不由己

087　寄情山水间

089　终至无我境

第八章
张雨：书无定式，一代书家

096　入道学书

099　交友广阔

101　书法大家

第九章
冯梦祯：人生当进则进，当退则退

106　求归得归

109　出仕之路

111　官场水深

114　湖上岁月

第十章
高濂：四时幽赏录

120　一个家族的厚望

125　一个人的西湖

129　一座藏书的阁楼

第十一章
张岱：享乐主义者的后半生

134　一个享乐主义者

137　一个国破隐居者

142　一个笔耕不辍者

第十二章
洪昇：戏如人生

146　十年磨一剑，《长生殿》终于火了

150　黯然离京，洪昇回杭隐居起来

154　一生托付，便是一部《长生殿》

第十三章
袁枚：没有灵魂的人生不值得过

160　从杭州到"京漂"，袁枚的求仕之路

164　江南几处知县，愿以一官换一园

169　快意人生最难得，活得有趣是正经

第十四章
吴本泰：西溪梵隐，宛如平常一段歌

177　心追桃源

181　国破归隐

183　西溪著志

186　薪火相传

第十五章
厉鹗：草衣随缘，悄然忘机

190　孤僻难入仕

195　山水事幽讨

197　清啸坐忘机

第十六章
俞樾：花落春仍在

204　罢官记

207　立说记

211　俞楼记

引 言

在中国的历史上,隐士是一个历史悠久的小众群体。隐士有很多称呼,如"幽人""逸士""逸民""高士"等,《后汉书》有《逸民列传》,《晋书》《唐书》《宋史》《明史》等都有《隐逸传》,《南齐书》有《高逸传》,《清史稿》有《遗逸传》,嵇康、皇甫谧有《高士传》,袁淑有《真隐传》,等等,称呼不一,所指都是同一类人。

那么,隐士到底是怎样的一群人呢?"隐"与"显"相对,"隐士"与"官员"相对。即是说,一个人的才华可以做官,但由于各种原因,没有去做官,或者是本来做官做得好好的,后来离开官场,找了一个地方去"隐"起来了。这就是"隐士"。

有的人做隐士久了,想去做官;有的人做官久了,想去做隐士。有的人一心想做官,做不成,只好做隐士;有的人本来好好做着官,有一天突然被贬了,或者自己厌倦了,主动不想做官,也去做了隐士。

做隐士,并不是一味地被动、消极避世,也有主动的选择,从而寻求内心的宁静。隐居,作为一种生存方式,更是孤独者的事业。在隐居的过程中,许多人观照内心,发现自我，创造了更加辉煌的成就，实现了更加高远的人生价值。

从这一种意义上来说，隐居其实也是一种积极的人生。只不过，在中国漫长的历史当中，这种生存方式，相对于占据社会主流的出仕之道来说，显得尤其小众，也尤其艰难而已。

本书择取了历史上与杭州关系较深的严光、葛洪、褚伯玉、林逋、周密、汪元量、黄公望、张雨、冯梦祯、高濂、张岱、洪昇、袁枚、吴本泰、厉鹗、俞樾等十六位隐逸高士，观察他们的人生轨迹，探索他们的精神追求。从这些隐逸高士身上，当下的读者应该可以获得有益的启示，从而去探索和发现适合自己的生存方式，创造更丰盈的精神世界，实现自己的人生价值，并由此获得真正的快乐与满足。

第一章 严光：垂钓者

真正的隐者,是像严子陵那样,看透荣华富贵的本质,选择一种自由的生活。在这些真正的隐者看来,那些权势荣华都是一瞬的事,来得快,消散得也快,都是浮云。而清风明月过一生,才是真正的精神追求。

自古以来,隐者分两种:一种身隐心不隐,身在江湖,心存魏阙;一种身隐心也隐,结庐在人境,心远地自偏。

前一种多,隐非隐,终南捷径是也。

后一种少,非隐亦隐,道在山水之间。

世上垂钓者也分两种:一种名曰钓鱼,实非钓鱼;一种名曰钓鱼,实际也是真的钓鱼。

前一种,史上最著名的垂钓者是姜子牙。

姜子牙在渭水之滨的磻溪,一个人举着竿子钓鱼,竿短,线长,鱼钩也是直的,更别说有没有鱼饵了。他钓鱼时,鱼钩高悬,离水面尚有三尺多。这是怎么个钓鱼法?山人看见,笑掉大牙。

但姜子牙就这么厉害——他这是营销与炒作。虽然没有钓到鱼,他依然天天早出晚归,风雨无阻。一个七十多岁的老人家,隐居十载,天天这么钓鱼,真不容易。最后,钓到一条大鱼——周文王。

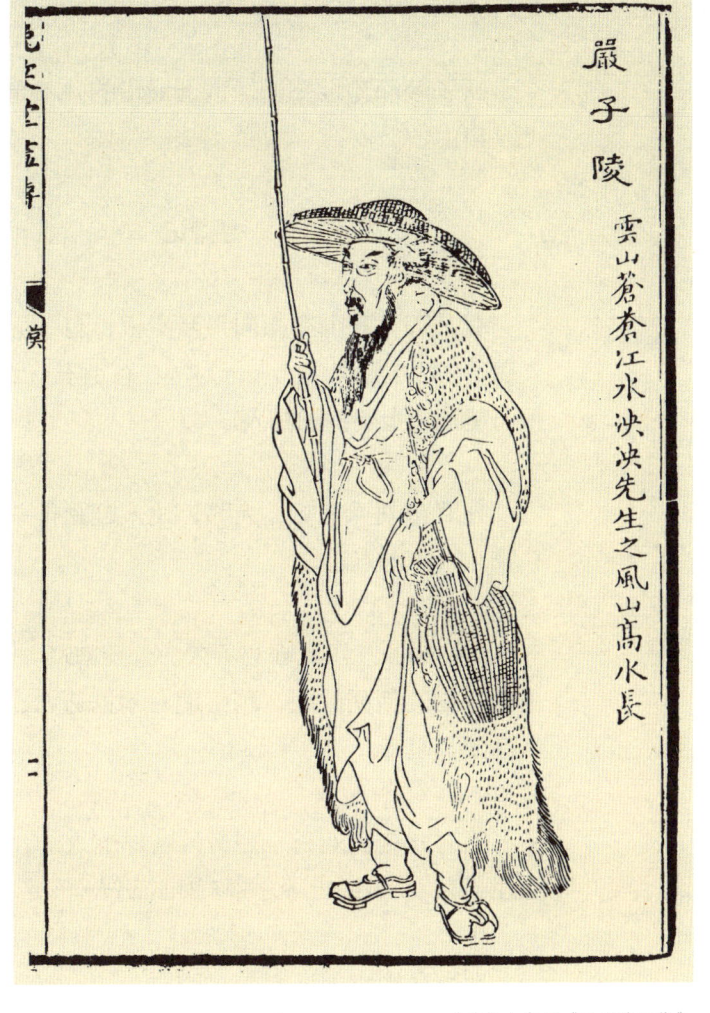

〔清〕上官周《严子陵画像》

后一种，史上最著名的垂钓者是严子陵。

说是钓鱼，就是真钓鱼，皇帝老儿来请他出山，三番五次地，说不去就是不去。

严子陵深刻地知道，世上最贵的并不是声名权势，而是自由。

寻隐记

有一天，齐国有人向皇帝奏报：有一男子，常身披羊裘，在江中钓鱼。此人行为举止有别于一般樵夫野老，很可能是皇上要找的高人。

光武帝刘秀一听，大喜，让人赶紧备车备马，备上礼物，去请对方。

这时候，东汉才建立不久。公元25年，刘秀推翻了王莽建立的新朝政权，削平地方割据势力，统一全国，自己做了皇帝。

此时此刻，刘秀急需各种各样的人才，来帮他一起治理国家。一听说山野之中有如此高人，一定要请来再说。

刘秀在历史上还算是个明君。《后汉书》评论他："虽身济大业，兢兢如不及，故能明慎政体，总揽权纲，量时度力，举无过事。"

在遍天下招贤纳士、寻访人才之时，刘秀其实心里是想到一个人的，那就是他的老同学、老朋友严光。

严光，字子陵，浙江余姚人。父亲叫严士恂，曾在南阳郡任新野县令，严子陵与父亲一起在新野居住，认识了比他小得多的少年朋友刘秀。刘秀家里很穷，虽是汉高祖刘邦的九世孙，但九岁成了孤儿，性情也柔弱。当时农业灾害很多，水灾、旱灾、蝗灾、匪灾，弄得民不聊生，刘秀也迁到新野避乱，由此两人得以相识，一起交流读书，成了忘年交。此后，严士恂当官任期已满，调回浙江，严子陵也跟着父亲回到了浙江余姚。

后来，严子陵还到当时的全国政治文化中心长安去求学。没想到在长安，又偶遇了曾经在新野结识的朋友刘秀。老友相见，自是十分欢喜。

此时，严子陵已经有了一些声名，而刘秀因为很年轻，对严子陵自是相当尊重，时时向他请教学问。求学之余，两人也时常外出游玩。有一次，两人到了一处八角亭，那是篡汉的王莽为了纪念名将李广而造的。亭中有一块石碑，碑正面刻有"故李将军止宿处"七个字，背面有王莽撰写的一篇颂文。

两个人游览了八角亭，读了碑上的颂文，生出不少感慨。刘秀又发了一通议论，对汉室的复兴大业提出了自己的见解。严子陵听了，深为这个小兄弟感到惊讶和高兴：惊讶是他没想到刘秀年纪轻轻，抱负不小；高兴是如以天下为己任，刘秀当可成国之栋梁。于是，他鼓励刘秀，男子汉大丈夫，自然大可有一番作为，希望他奋力精进，不虚此生。

光阴流转，世事更迭。公元 22 年，刘秀与兄刘縯举兵起义，四处征战，打败了王莽，夺回了刘家的天下。在此过程中，刘秀多次想请严子陵出来辅助他的兵家大事，都没有成功。

刘秀当上了皇帝，自然又想起了故人。

但是，严子陵却不知道躲到哪里去了。

作为多年的好友，刘秀深知严子陵的品行与个性。他知道严子陵很可能不想出仕，到哪里隐居起来了。他也曾派人四处寻访，没辙的时候，还命画师画了严子陵的画像广泛撒网、按图索骥，最终却一无所获。

会面记

听齐国人奏报，说有人披羊裘钓于齐国的泽中，刘秀不由得喜出望外，直觉此人应该就是严子陵了，便立即命人相请。

刘秀猜得没错，那人果然便是严子陵。但他没想到的是，严子陵会一连两次拒绝了他的热情相邀。

第三次，刘秀亲笔写了一封信，这封信写得感人肺腑、情真意切：

> 古之大有为之君，必有不召之臣。朕何敢臣子陵哉！惟此鸿业，若涉春冰，譬之疮痏，须杖而行。若绮里不少高皇，奈何子陵少朕也。箕山颍水之风，非朕所敢望。

子陵收到这封信，也被刘秀的真诚所打动。虽有为难，也不得不答应前去看看。于是，他从山东出发，到了洛阳，一路上被人好吃好喝招待着，一直到了京城洛阳的北军宾舍住下来。

严子陵这样的人，即便到了京城，也不会想跟高官显贵交往。无奈他名声太大，听说严子陵到了京城，各种好事之徒都希望前来拜访。其中便有一个威权赫赫的大司徒，相当于宰相的侯霸（字君房），早先也是严子陵的旧友，希望能跟严子陵见一面。侯霸亲自修书一封，让下属侯子道带着来到了严子陵下榻之处。这时候，严子陵还没有起床，就躺在床上展信读之。

原来，侯霸在信中说，因碍于官场礼仪制度，他不能够亲自前来拜访，希望严子陵接信后，前往司徒府一见。

严子陵知道了：这哪是什么官场礼仪制度，这是大司徒放不下官架子呀！心中便有了几分鄙夷。他问来人："君房以前有点癫狂，现在位至三公，不知道他的癫狂毛病有没有好些？"

来人不明所以，回答说："司徒位至鼎足，不犯癫狂了。"

严子陵说："既然不犯癫狂了，他这封信里怎么还尽是癫狂的话呢？"

严子陵接着说，天子请他三次，他才从山东来到京城。这天子还没有见面，难道要他严子陵先去拜见司徒吗？

这一番话说得侯子道不敢吱声。严子陵说：这样吧，我来口授，你记录，写一张条子，你一会儿好带回去给侯霸。

君房足下：

位至鼎足，甚善。怀仁辅义天下悦，阿谀顺旨要领绝。

这两句话可说得够明白的了：你当到现在这样的官职，不容易，很好。但是啊，你只有心怀仁义，办事正道，天下老百姓才会高兴。你要是只知道顺依皇上，一味阿谀奉承，那说不定有一天会遭到极刑的哦。

侯子道有点愣，看这两句话，就说："只有这两句话，会不会太少了？有没有还想说什么，多说两句？"

严子陵当即讥道："这又不是上市场买菜，还要讨价还价吗？"

那侯霸拿到字条一看，知道严子陵是在讥讽他，一时气不打一处来，但也没有办法。他找了一个时机，把字条呈给了皇帝，心想：你对我不友好，我也参你一本，让皇帝来治治你。没想到光武帝看了这个字条，哈哈一笑，说："这就是我老朋友的狂放姿态，我早习惯了，司徒也不必大惊小怪。"

说罢，他即起身，叫上几个随身侍从，亲自到严子陵下榻的北军宾舍来了。

光武帝刘秀一行径自来到了严子陵下榻处，严子陵这会儿还是没有起床呢。外面已经人声嘈杂，脚步凌乱，严子陵却翻了个身，面朝里壁，屁股朝外，继续装睡。

刘秀进了屋子，一看严子陵这个样子，心中暗笑，就一屁股坐到了床沿上。他用手抚摸着严子陵的背，说道："子陵啊，子陵，我来看你啦！"随即大笑起来。

严子陵不为所动。刘秀就继续说："我今天来看你呢，不是以皇帝的身份，只是以一个老朋友的身份。你这样用背对我，是想依旧对我不理不睬吗？"

严子陵听到刘秀说是以老朋友的身份来看他,当即翻身起床。刘秀哈哈大笑:"老同学,你难道还是不肯出手,助我一臂之力,料理这国家大事吗?"

这时,严子陵才慢悠悠开口。他说:人各有志,我们见面聊天就可以了,志向上的事情,就不必勉强了吧。

刘秀这才没有继续相逼。

第二天,刘秀又把严子陵请进宫中,两个人继续交流畅谈。夜深之后,刘秀向严子陵请教治国的事情,而严子陵也把之前的戒备放开了,就生平所学,要言不烦地向老同学提了许多建设性意见:"治国要领在于以人为本,当前宜普遍开释奴隶,精兵简政,抑制军阀,轻徭薄赋,兴修水利……"听得老同学连连点头。

夜沉沉,两人还在挑灯夜谈,不知不觉已是深夜。此时不宜再出宫了,严子陵只能留宿宫中。刘秀建议两人同榻而眠,还能再聊一会儿,聊累了各自安睡。哪知严子陵平时散漫惯了,酣睡之中,居然把一双脚搁到了光武帝刘秀的肚子上。

第二天一早,太史官神色慌张地报告,说是"昨夜有客星犯帝座甚急"。光武帝一听,太史官是说皇上身边有危险人物啊,就笑着说:"太史官莫着急,朕身边哪有什么危险人物,这是朕的老朋友严子陵与朕同榻共眠,他把脚架到朕身上了!"

严子陵在洛阳住了没几天,就提出要告辞回去。刘秀大加挽留,并说要任他为"谏议大夫"。这是一个掌管议论的职位。但严子陵坚辞不受,虽经刘秀再三挽留,无奈他去意坚定,还是丝毫不为所动。刘秀最后没有办法,任由严子陵回乡去了。

云水记

　　这一次严子陵被光武帝礼邀入京，应当说还是有出山的可能性的。但是，严子陵通过在京城的几天遭遇，又一次认识到了这种官场生活，与自己的隐居理想有着巨大的差异。这种落差，使得他愈加坚定了归隐的选择。于是，几天之后，严子陵悄然离京。

　　这一次，他担心回到山东会被人找到，便换了一个方向，径自来到了钱唐，再取道钱塘江逆流而上，坐船到了风光秀丽、风烟俱净的富春江。在这里，他找到了一个地方，真正地过起了晴耕雨读、朝渔暮樵的生活。

　　据说，又过了好几年，光武帝刘秀再次派人征召严

位于富春江畔的严子陵钓台

子陵，使者遍访各地，那时严子陵已经在山水之间过上了神仙一般的自在生活。

严子陵在富春江隐居，自此成就了一条江。

桐庐境内的富春山，也叫严陵山。江边山麓上原有祠宇，相传便是严子陵在此隐居的地方。相距不到百米，有一对巉岩突起，高数十丈，东西对峙，背靠富春山，雄瞰江面，分外雄伟。这两处岩石顶上便是一个大平台，可坐数十人。这就是流传于世的名迹——严子陵钓台。后世多少文人墨客，坐船在江上往来，都会对严子陵钓台投以敬仰的目光。

严子陵成了中国古代文人的精神偶像，严子陵钓台俨然也成为古代文人心向往之的精神圣地。一代又一代的文人墨客前来拜谒，留下海量诗篇。

有学者统计，在吟咏富春江的诗歌中，对严子陵钓台的歌咏占据其大半——先后有一千余位诗人，共有两千多首诗作，皆对严子陵的气节、风骨、操守作过歌颂。整体上看，书写富春江的诗歌史，几乎就是一部山水隐逸诗歌史。

那么，当时严子陵为什么要选择在富春江隐居呢？

按说，严子陵是浙江余姚人，从余姚市至桐庐县，走公路也有190公里。若说钓鱼佳处，浙东方向也有不少好地方。严子陵何以会不顾路遥，非要去桐庐钓鱼呢？

想来原因，无非如吴均在《与朱元思书》中所言，"自富阳至桐庐一百许里，奇山异水，天下独绝"。好山好水，才适合隐居。严子陵在富春江畔的隐逸生活，他不事王侯显贵的高风亮节，自此便留在了富春江的历史上，熠熠生辉，流芳百世；他垂钓的钓台、严陵濑，也成为这条大江上下最为知名的人文景观之一。

据说，在隐居富春江之前，严子陵已经娶妻，妻子梅氏，是梅福之女梅李佗。

梅福，字子真，九江郡寿春（今安徽寿县）人，少年求学长安，晚年致力道学、医学，云游八方，热衷于仙术，民间很多人敬仰他，称他为"梅仙"。严子陵也与梅福相识，后来梅福隐居避祸，在江南一带云游，孤身一人在宁波四明山隐居。四明山历来道家集聚，严子陵听说梅福在那里隐居，就去四明山拜访，并拜梅福为师，学习道家知识。

梅福的女儿梅李佗，就此与严子陵相识。那时候，严子陵已是名士，还不顾山高水远跑来向梅福请教向学，梅福很欣赏他，便把女儿梅李佗嫁给了严子陵。两人在余姚生了一男一女两个孩子。后来，严子陵离开余姚，一路游山玩水，到得富春江的七里滩，就在那里隐居下来。隐居桐庐之后，另娶妻范氏，生了两个儿子。

严子陵在富春江畔居住下来，耕于陇亩，钓于碧波，寄情于山水之间，任谁都不知道他居然是皇帝的好友，他也从不以受过帝王恩宠为荣。这么一个人，这么一种淡泊名利的高风亮节，久而久之，便在世间流传开来。

严子陵在隐居生活中一直活到了八十岁，最终在家中去世。光武帝听说严子陵去世的消息，伤心惜念，下诏让郡县赐严家一百万钱、一千斛稻谷，以示抚恤。

严子陵，对于后世的影响是极大的。

严子陵钓台石牌坊，正面刻"严子陵钓台"五字，背面刻"山高水长"四字

在许多中国文人的心中，都有一个隐居的情怀。美国人比尔·波特在终南山寻访隐士，写下这样的文字："在整个中国历史上，一直就有人愿意在山里度过他们的一生：吃得很少，穿得很破，睡的是茅屋，在高山上垦荒，说话不多，留下来的文字更少……"

唐宪宗元和年间的刘肃，在《大唐新语·隐逸》中记载了这样一个故事：有个叫卢藏用的读书人，考中进士后，为了引得当政者的注意，先去长安南的终南山隐居，等待朝廷征召，后果然被聘，授官左拾遗。后来，另一隐士司马承祯亦被征召，坚持不仕，欲归山。卢藏用送之，指终南山云："此中大有嘉处。"这个故事，就是后世"终南捷径"成语的由来，讲的就是有的人隐居，意不在"隐"，而在于"出"。

但真正的隐者，是像严子陵那样，看透荣华富贵的本质，选择一种自由的生活。在这些真正的隐者看来，那些权势荣华都是一瞬的事，来得快，消散得也快，都是浮云，而清风明月过一生，才是真正的精神追求。

后来，严子陵隐居的地方成了"严州府"。公元1034年，范仲淹在严州做官，为了旌表严先生的高洁操守，他牵头重修了严子陵祠堂，还免除了严子陵后代子孙四家的徭赋。祠堂竣工之日，范先生又大笔一挥，写就一篇雄文《严先生祠堂记》，其中有一句：

云山苍苍，江水泱泱，先生之风，山高水长。

参考文献

1. 董利荣、缪建民：《严光与严子陵钓台》，杭州出版社，2014年。
2. 〔南朝宋〕范晔：《后汉书·严光传》。
3. 吴成国、曹林：《严子陵与古代隐逸文化》，《荆楚学刊》2014年第1期。
4. 胡晓明：《从严子陵到黄公望：富春江的文化意象——〈富春山居图〉的前传及其展开》，《华东师范大学学报（哲学社会科学版）》2016年第4期。
5. 李亮伟：《中国古代山水隐逸文学中"渔"的意蕴》，《自贡师专学报》1992年第1期。
6. 蒋星煜编著：《中国隐士与中国文化》，生活·读书·新知三联书店，1988年。
7. 聂雄前：《中国隐士》，湖南文艺出版社，1991年。

── 第二章

葛洪：择一事，终一生

这样一位横跨多个界别、硕果累累的人物，如果我们往前翻翻他的履历，就会发现所有的传奇，并不是命中注定的，就算是后来当了『神仙』的葛洪，从前，他也是一个苦孩子。择一事，终一生，葛洪的故事，就是一部极具正能量的励志剧。

西湖北面有一座宝石山，宝石山上有一座保俶塔，保俶塔的西面有一条山岭，叫作葛岭。此名何来？跟一位道士有关。这位道士叫作葛洪。相传在东晋时，葛洪在此结庐隐居，炼丹修仙，葛岭因此也成了道教圣地。

葛洪（约281—361）[1]，后世的人给他贴了很多标签，诸如著名道教学者、著名炼丹家、著名医学家、著名博物学家、著名文学家、著名小仙翁……不胜枚举。

说他是道教学者，是因他博学多才，涉猎很广，天文地理，皆有通识。年轻时，葛洪曾受爵关内侯，后来退隐，以炼丹和著述为主。著有《抱朴子内篇》20卷、《抱朴子外篇》50卷等，阐述道家养生炼丹、长生成仙的思想，以及儒家的治世理念。他的道教神仙理论，被认为是承前启后的集大成者。

说他是炼丹家，是因他痴迷于炼丹，以至于全国各地，留下不计其数的"葛洪炼丹处"。葛洪的炼丹生涯，也使他成了化学这一学科的先驱。譬如，他对于铅的化学变化的实验与考察，乃是炼丹术在化学史上的一大突出贡献。葛洪的炼丹术后来还传到西欧，也成了药学发

---

[1] 一说约281—341。

第二章 葛洪：择一事，终一生

〔明〕李芳《葛洪炼丹图》

展的基石。

说他是医学家，是因他著有《肘后备急方》8卷约70篇。这是一本既适用于急诊又可应用于临床的医药珍贵文献，被誉为"古代的中医诊疗手册"。这本医书中，有世界最早的天花、恙虫病诊治记录，也有用青蒿治疗疟疾的探索，葛洪也由此成为世界医学界最早的青蒿使用者。后世因为青蒿素的使用而获得诺贝尔生理学或医学奖的屠呦呦，正是从葛洪的《肘后备急方》中得到的启示。

说他是博物学家，是因他在进行医疗实践和医药著述时，广泛收集、研究各种药方，在《肘后备急方》中就收录药物370种左右，其中植物类250种，动物类70种，矿物及其他药物约50种。他对于这些药物的了解和研究，都是相当深入的。

说他是文学家，是因他著有许多文学著作，如《神仙传》《西京杂记》《汉武帝内传》等，这些都可归入中国古代笔记小说类；其他还有《良吏传》《集异传》《郭文传》等，可归入非虚构文学类。所以，葛洪在东晋文学领域，"堪称一大家"。

说他是小仙翁，这就更不用说了，他一门心思炼丹修道，后来终于得道成仙。在各地的传说中，他也具有种种神异技能与仙术，大家都说他是仙翁再世、真正的神仙……

但是，诸位朋友，正是这样一位横跨多个界别、硕果累累的人物，如果我们往前翻翻他的履历，就会发现所有的传奇，并不是命中注定的；就算是后来当了"神仙"的葛洪，从前，他也是一个苦孩子。

择一事，终一生。葛洪的故事，就是一部极具正能量的励志剧。

苦孩子

葛洪有一个苦出身。

在隐居西湖之前，葛洪经历了生活的不易，也品尝了世道的艰辛。葛洪，字稚川，丹阳句容（今属江苏）人，他的家族，原来是个江南望族。他的从祖父葛玄，是三国时期东吴著名的道学家，道教灵宝派祖师。他的父亲葛悌，曾为邵陵太守。但不幸的是，葛洪十三岁时，父亲就去世了，葛家也因此家道中落，生活陷于贫困。

少年葛洪，白天上山砍柴，砍了柴后，挑到集市上去卖，以换取粮食、纸笔；晚上则专心读书，一灯如豆相伴，读书常到深夜。葛洪这样的家境，自然没有机会外出寻师访友，只能从书中获取营养。虽然自小学习儒学知识，但他对各种杂书都颇有兴趣，什么河图洛书，什么占卜祝由一类，都会翻翻。

书读得多了，学问也渐长，但葛洪这个人，用现在的话说，就是有点"宅"：一方面，外出交际很费钱，能不出去就不出去；另一方面，自然是跟他的个性有关。葛洪深居简出，除了上山砍柴、下田劳作换取必要的生活之资，大多数时间都是在家读书。对于他来说，在书中消闲，比跟世俗之人交往有趣得多。有的书获取不易，他拿到后，就一边抄书，一边读书，如此十几年，下了一番苦功夫。

在十七岁至十九岁之间，葛洪跟随郑隐，在马迹山学习《金丹道》。郑隐是葛洪的从祖父葛玄的弟子。葛玄，被人称作"葛仙公"。传说他能经年不食,还擅长治病,能使鬼魅现形;能坐在烈火上,而衣冠却完好无损;他还喜欢酒醉之后,潜入水中睡觉,酒醒了出来,身上一滴水都不沾。葛玄这般神通广大,孙权听说后,就把他招至京都,以礼相待。一次,两人一道出游,见路旁百姓正在求雨,但老天迟迟未雨,民不聊生。孙权便问葛玄,可有什么办法。葛玄也不说话,只是画了一道符,交给下人,下人把这道符放进神社,顷刻之间大雨滂沱,平地水深达一尺多——这是说的"葛仙公"的故事。"葛仙公"的弟子郑隐,向葛洪传授了炼丹术。

后来,葛洪又师从学过神仙方术的南海太守鲍玄,向他学习神仙之术。鲍玄见他勤学上进,聪慧正派,就把自己的女儿嫁给了葛洪。葛洪之妻,就是后来著名的女灸法家——鲍姑。

在真正修习道学之前,葛洪其实也经历了人生的抉择。譬如江南发生战乱的时候,葛洪与郑隐分别不久,石冰作乱,攻打扬州,葛洪受义军大都督吴兴太守顾秘的邀请,募集了数百人,成立了一支队伍,讨伐石冰。平叛后,葛洪也因功受封"伏波将军"。

"伏波将军"是古代对将军个人能力的一种封号。葛洪带兵打仗也有一套,要是朝着这条路子走下去,仕途估计也会光明一片。但是这次平叛之后,葛洪就投戈释甲了。葛洪意识到,打打杀杀的生涯,绝不是他想要的。

因为战乱关系,葛洪二十二岁时,本想去洛阳搜求异书,结果到了长江,前路受阻。进不得,退不得,葛洪只好盘桓于各地,先后游历荆州、襄州、江州、广州一带。

也是在荆州、襄州一带，葛洪遇到老友嵇含。嵇含是谁？乃当时的广州刺史，此人是"竹林七贤"之一嵇康的侄孙，著有《南方草木状》一书。嵇含邀请葛洪做他的参军。本来，这也算是一条谋生之道。葛洪兴冲冲地答应了，于是二人约定，到广州会合之后正式就职。不曾想，这嵇含还没有到广州，就在路上被仇人暗杀了。

这件事，也给葛洪极大打击。他由此想到，人生短短数十年，荣华富贵，过眼消散，名耶利耶，都是虚无之物。人生应该怎样去度过，是十分重要的选择。何妨择一事，终一生？得之，失之；得即是失，失也是得。得之不喜，失之不悲，这才是人生至高境界。

由此，葛洪走上了修仙之路。

湖山间

世人庸庸碌碌，只为碎银几两。何妨避世远遁，山水尽处超然。

如果要修仙，就要找个好地方。这时候，葛洪路费是不缺的，已然有了些名气，也走过了不少地方。这一路上，他隐去真实名姓，只以别号"抱朴子"示人。

出行也简单，只带了一个老仆，乘一叶小舟，翩然而去。

葛洪沿着长江，一路顺流而下。扬州、常州、苏州，虽可隐身其中，但山水还是局限，葛洪总觉得不是太满意。

又到了杭州，见西湖秀美冠绝天下，山水相宜，虚实辉映，葛洪大喜道："就是这里了。"

然而，西湖也很大，到底哪里才是炼丹修仙的最佳之处呢？

今天我们回头去看，作为道教学者、化学家、医药学家葛洪炼丹修仙的地方，绝不是随随便便就可以入他法眼的。全国各地，号称曾是葛洪炼丹之地、修仙之地的，真是数不胜数，它们都有一个共同点：必是山水绝佳之处。

想那时，葛洪在西湖周遭走了不少地方，南屏、孤山、北峰，都去寻了一遍。有一天，他从栖霞山往东缓缓漫步，看到一条山岭曲折蜿蜒，就登上岭去。发现此地岭头有石，可以静坐；有泉可汲，可以设鼎煮茶；岭下可以结茅庐，窗外即是云山湖色，出门可以观日望月。啊呀，此地正是湖山之间的佳境也。更令他击掌称妙的是，西湖周边，经常游人遍地，熙熙攘攘，这里虽离湖不远，却是闹中取静，游人罕至，至也不留，乃是十分清静之地。

于是，葛洪便在这里安下身来。

清晨早起，他盘坐石上，调息吐纳；午后，即在茅庐中小憩；傍晚，在林下安炉煮茶。忽一日，他正在初阳台上，面朝东方的朝霞吐纳之时，忽有所悟。傍晚，又有一道人来访。此人样貌苍古，非是凡人，葛洪便请教姓名，延请至林下，二人饮茶相谈，直至月上中天。

再后来，据说葛洪于此修得了元神，拜谢了天地祖先，立愿施药济世。他有时研习各种药粉炉丹，无日无夜；有时湖上游戏，不露仙迹。有时半月不吃东西也不饥饿，寒冬腊月不穿衣服也不觉寒冷，自此，便与凡人很是不同了。

一些史料记载，葛洪后半生多在广东停留。据说在葛洪四十八岁时，听说交趾（今越南）盛产丹砂，便请求去做勾漏令。勾漏，即今日的广西北流一带。晋成帝觉得葛洪资历很深，去做一个小小的县令，官品太低，不合适，就没有批准。于是葛洪再奏："我去勾漏当县令，不是为了荣华富贵，而是因为那里有丹药，想去炼仙丹。"晋成帝这才放行。到广州之后，葛洪又为刺史邓岳强留，于是在罗浮山停留隐居若干年，坚持不懈从事炼丹工作，同时优游闲养，著书不辍。

忽有一天，在罗浮山的葛洪写信给邓岳，说自己要远行寻师觅药。这让邓岳感到十分奇怪，因为葛洪在罗浮山已经隐居甚久，怎会突生去意，于是立刻赶去罗浮山看望葛洪。但去时已晚，葛洪已死，时年八十一岁。

葛洪在中国道教史上的影响巨大，被后世视为"神仙"，受到众多道人的香火供奉。可以说，凡有深山老林的地方，几乎都留下了"葛洪炼丹"的传说，很多地方也都有所谓的"葛洪炼丹处"。但是，其中的很多地方，都经不起推敲，有的地方也远远超出了葛洪一生行迹能及之处。但由此也可以看出，葛洪在民间有着较为深远的影响力。

当然，葛洪在罗浮山隐居并去世，并且"得道成仙"的故事，只是留在纸页文字里的记载，这些记载未免显得枯燥乏味了些。相比之下，留在西湖山水之间，或是杭州民间口耳之间的故事，则生动和有趣得多了。

神仙事

明代田汝成，著有《西湖游览志》，其中记载北山一线葛洪遗迹，有初阳台、葛翁井、葛仙翁墓等，说葛

空山隐 HANG ZHOU

〔明〕丁云鹏《葛洪移居图》

洪在初阳台修真，"吸日月精华"，葛翁井则是葛洪投丹之所。

话说，在明宣德年间，杭城大旱，有百姓在葛翁井砌井时，发现一只石匣、四只石瓶。石匣极其牢固，打也打不开，石瓶中却找到些形状像芡实的药丸。有人尝了尝药丸，觉得没有什么气味，就丢掉了。有一位姓施的渔翁则吃了一颗，后来竟活到一百零六岁。

井中的石匣也甚是奇异：把石匣拿掉后，井水就变得又臭又脏，不能饮用；把石匣放回去，井水又变得清冽如故了。

《西湖佳话》卷一《葛岭仙迹》中，也记载了一些葛洪的神仙故事。钱唐县尉久闻葛洪大名，特邀请他一同到钱塘江口观潮。两人正对饮时，忽然风潮大作，一派银山雪浪，自海门汹涌而来。观潮的人一看，吓得赶紧退奔高处。县尉一看情势不妙，也要避去，葛洪笑留之，说："我俩特来观潮，潮至而不观，却想要避开去，那我们这一趟岂不是白来了？"县尉说："先生此言差矣，我们并非不观潮，只是略略转移到高处去，以免被巨潮冲刷到而已。"边上的侍卫们生恐有什么闪失，也顾不上葛洪了，硬是簇拥着县尉，让他退避到高岸之上。此时，近岸之处，只剩葛洪一人，还在席间若无其事地饮酒。

顷刻，大潮已至，只见葛洪举杯向着潮水，称奇道妙，毫不为怪。众人见了，不禁为他捏一把汗。那潮头太吓人了，足有三丈余高，仿佛一面大山压过来。然而实在奇怪，潮头到了葛洪面前，宛若有物阻隔住一般，竟自分流而过！但见那葛洪坐处，连地面都没有被打湿，观者莫不惊讶称奇。

还有一次，葛洪在断桥闲走，见到一个渔翁自言自语道："看它活活一尾鱼，怎么一会儿就死了？只能贱卖了，可惜可惜。"葛洪听后，笑着说："你既肯贱卖，太好了，我还想买了你这条鱼放生呢。"渔翁听了，大笑道："你若真能让这条鱼活过来，放生就任凭你放生去，我断断不要你一分钱。"只见葛洪从袖中掏出一道符来，塞进鱼的口中，再随手把鱼抛到水中，那鱼也真是奇了怪了，三甩两甩尾巴，竟然迅速游远了。围观的人很多，见者无不称奇。

又有一年，钱唐大旱，当地老百姓都仓皇无以度日。各地求雨的办法很多，有道士设坛求雨，也有儿童行龙求雨，但各种办法用尽，百姓苦苦求雨，雨却没有下半滴。葛洪看此光景，不觉动念，觉得众生可怜，想要帮帮大家。他安慰大家道："莫要慌，莫要慌，且等我试着为大家求求雨看。"他就在葛岭的炼丹井中，汲水吸了一口，走到初阳台上，望着四面群山一喷。不多时，天上阴云密布；再过一会儿，就下起一场大雨来。山野丛林，田野溪流，尽沐浴在一片喜雨之中。

还有一次，有一个帮人挑水为生的穷汉子，在井边打水时，把百十文钱落进了井中，取又取不出，唯有望井哭泣。葛洪刚好看到，就道："何必哭泣，我来帮你取出。"他就在井上大喊："钱出来！钱出来！"只见那些钱，一枚一枚，都从井中飞出来，点了点，居然一枚也不少！这汉子高高兴兴，拜谢而去。

有一年，城中瘟疫盛行，葛洪不忍看着人们感染此疾病，就写了一道符，投于各处水井中，令人饮水，则瘟疫自解。

又有一人，为交粮赋所逼迫，要卖妻卖子，其妻没有办法，情急之下，竟然闹得要跳西湖。葛洪见了，拦住她说："你可不必寻短见，我帮帮你们夫妇吧。"他指点说松亭内有一块大青石，大青石下，有贼藏了一包银子，可叫她丈夫去那里取，交完粮赋之外，还可作为本钱做点小生意度日。其夫起先还不信，试着去取，果然在大青石下找到一包银子，遂对葛洪感谢不尽。

这么一位有着"特异功能"的"神仙"，本性也有着幽默风趣的一面。比如，有客人来求见葛洪，葛洪与客人同在屋中座谈。忽然，门外又有客人来了，又有一个葛洪亲自迎接。而座上的那个葛洪，仍然与前面那位客人谈笑风生，一刻不曾离开过。这是葛洪"出神"以分身的妙用。

还有的人，要请葛洪赴宴。葛洪其实不想去，无奈对方再三勉强，没有办法，只好随行而去。走了不到百步，葛洪突然说肚子痛，当即卧地，眨眼之间就死了。来请之人见状惊慌失措，忙举洪头，头已断，再举四肢，四肢皆断，真是太吓人了！继而鼻烂虫生，不可靠近。来请之人赶紧跑去葛洪家中报告，却见葛洪端坐堂上！那人也不敢说话，又赶紧跑到刚才葛洪卧地而死之处，早已不见什么尸体了。

这个葛洪，神异如此，人人都传说他是"仙公再世"。类似这样的故事，在杭州的大街小巷中流传，大事小事，说也说不尽。

传说葛洪仙去，是在八十一岁。他独居一室，坐到日中，不言不动，坐着就像睡着了一样，等家人发现来看时，已经仙去了。其面色虽死如生，身体也不僵硬，此后入棺时也是轻若无物。众人皆传，"神仙"果然与世人迥然不同啊！

抱朴道院

祖师爷

西湖边的葛岭，现有一座抱朴道院。道院立于半山腰上，是一个清静的所在。抱朴道院现也是道教全国重点宫观。此处尚存炼丹台、炼丹井、初阳台等道教名胜古迹。岭巅有初阳台，是杭州观日出的好地方，经常有年轻人半夜来此，守候日出之胜景。

九里松以南，还有一座葛翁井。

葛洪一生，从苦孩子一路走来，最后成了一个"神仙"，实在也是相当励志的故事。他给世人的启示在于：一是不放弃，不认命，坚持努力自有回报；二是选择一件事，奋斗到底，研究不辍，在各种外部条件都不具备的情况下开展研究，取得了令人瞩目的成就。

葛洪最大的成就，是"炼丹"，在他的著作《抱朴子内篇》中关于"金丹"的神奇和炼丹术,都有详细的论述和记载。在今天的我们看来,炼丹服食,以求长生不老,无非是一种迷信、一种妄想罢了,但在当时,却是整个社会所热衷的学术研究。

正是通过炼丹的实践与研究,葛洪在医药、化学上都取得了成绩,这是科学史上的光辉篇章。从事任何一件事情,都不可能是一帆风顺的。譬如"长生不老"一事,恐怕也有人嘲笑,也有人讥讽,但这并不重要。重要的是,有没有坚定的信念,去做自己想做的事。在炼仙丹这件事上,我们现在可以说,葛洪无疑是不成功的;但是他在数十年孜孜不倦、心无旁骛的实践中,取得了染色、酿酒、制箔及化妆品等先进技术——据说,这些技术,为杭州地区的印染、造酒、金箔、化妆等行业的繁荣提供了先进的经验,做出了卓越的贡献,也为广大手工业者创造了很多谋生的手段。

到今天为止,葛洪还被印染行业尊为"祖师爷"。老底子里,印染业的作坊内都要悬挂葛洪祖师爷的画像。旧时杭州丝绸练染业中人,每年农历四月初八——相传葛洪诞辰之日,都集聚葛岭,祭祀葛洪祖师爷。

由此,今人可以感叹一句:"神仙,凡人也是当得的。"

参考文献

1.〔清〕古吴墨浪子：《西湖佳话》卷一《葛岭仙迹》。
2.李强、李斌、梁文倩编著：《儒本道宗，学贯百家：葛洪传》，华中科技大学出版社，2019年。
3.王作良：《葛洪》，陕西师范大学出版总社，2017年。
4.钟岳文：《〈抱朴子外篇〉：葛洪的政治及处世观》，《月读》2019年第6期。

第三章

褚伯玉：采霞而食

山中无历日，寒尽不知年。算起来，这样的山中修行的日子，褚伯玉过了二十多年。但褚伯玉丝毫不以为意，他并不记日子，因为对他来说，日子或时间并没有太大的意义。他只是过着一天又一天，让自然与人体、与意念合而为一。

先绕个远路，从明末秦淮八艳之一、世上奇女子柳如是说起。

柳如是，又称河东君，浙江嘉兴人，明末清初时候的歌妓才女。她因读了辛弃疾《贺新郎》的一句词"我见青山多妩媚，料青山见我应如是"，喜欢得很，给自己起了个号"如是"。

且说奇女子柳如是，果敢有为，才貌过人，虽坠入乱世风尘，仍然留下不少文字作品，如《湖上草》《戊寅草》等。《湖上草》里有一首诗，是"西陵"系列诗作的第十首，诗云：

> 荒凉凤昔鹤曾游，松柏吟风在上头。
> 吏苑已无勾漏鼎，烟霞犹少岳衡舟。
> 遥怜浦口芙蓉树，仿佛山中孔雀楼。
> 从此邈然冀一遇，遗宫废井不胜愁。

诗中"烟霞犹少岳衡舟"一句，乃是用典，其典故出自褚元璩，即褚伯玉（394—479）。褚伯玉隐于钱唐时放舟衡岳。国学大师陈寅恪著有《柳如是别传》，在书中诠释了这一句的来历——

> 元璵为褚伯玉之字,其事迹见《南齐书》卷伍肆及《南史》卷柒伍本传。《嘉庆一统志》卷贰玖肆绍兴府山川门"宛委山"条引遁甲开山图云:"禹治水,至会稽,宿衡岭。"又同书同卷陵墓门云:"齐褚伯玉在嵊县西西白山。""衡岭"当即"衡岳",固是元璵栖隐之地,不过倒"衡岳"为"岳衡"以协声调,殊觉牵强耳。

这一段话,把我们引向了南齐钱唐人褚伯玉——褚伯玉隐居在剡县之西的西白山。的确,要论杭州的隐士之风,褚伯玉是绕不过去的一位。

而这位道士,人生中最有趣的故事,莫过于逃婚。

仓促逃婚

在杭州,褚家有一位后生,长得仪表堂堂,转眼之间也到了谈婚论嫁的年纪。褚家家境也不错,高祖褚含,当过始平太守。父亲褚遜,当过征虏参军。这样的家境、条件,自然引得不少人上门说媒。褚家后生褚伯玉,少时读书,很是聪敏,看事论物,又有见地,只是性格上有些孤僻,从来不喜欢与杂乱陌生之人交往,平时多是宅居后院,深居简出。

眼看着伯玉就到了十八岁,也是该结婚的年纪了,父母也急在心头,希望早日把终身大事给定了。

男大当婚,女大当嫁。不管是古代还是现代,男孩女孩到了成家的年龄,就被催着结婚,组成一个家庭。这不仅是社会生活的需要,也是父母长辈们的愿望。

这一天，父母把褚伯玉叫到跟前，说道："儿呀，你都十八了。众亲朋之中，同龄人都已婚配，你是不是也该把婚事给定下了？"

伯玉一听，脸涨得通红："父母大人，儿对此事从未考虑，也向无兴趣，志向只在读圣贤书与行千里路。"

"我儿，你志向高远，本是好事。但是自古以来，不孝有三，无后为大。读书行路与生活不可偏废，亦无冲突。先成家，后立业，大家都是这样过来的。"

伯玉还想再争论，一时不知从何说起，嗫嚅半天才说："这……还是请父母大人三思，儿实在是没有此意……儿不愿与此俗世之流相苟同。"

"你不用多说了，婚姻之事，并非儿戏，既是你自己的人生大事，也是父母要为你操办的。你现在还小，还是要听父母之命。你不必多说，这事已经定下来了：同是钱唐人的李家姑娘，年方二八，知书达礼。这桩婚事十天前已定下，三天后就成亲吧。"

伯玉一听，顿时手足无措。回到自己房间，伯玉更是陷入恐慌的情绪当中。自懂事之后，他遍读典籍，倾羡的是来去自由、餐风饮露的神仙生活，也曾无数次想象过布衣素履纵游山水之间，云水迢迢的人生状态。而今，父母却要他在家成亲，难道从此就要被束缚于婚姻生活的牢笼之中了吗？

伯玉寝食难安，眼看婚期临近，家中上下都为他的婚事忙前忙后，他更如热锅上的蚂蚁一样坐立不宁。

这日佳期已到，阳光明媚，远远地锣鼓喧天，载着新娘的花轿已到了褚宅门前。褚伯玉已经穿上喜气洋洋的新郎服饰候在房内。满堂宾客们欢天喜地，作为新郎官的他却一脸愁容。到底如何是好，真是到了该拿定主意的时候了。

披着红盖头的新娘已由人牵引着入了宅门，司仪在堂上高喊："请新郎就位！"呼喊三遍，人却不至。差人进屋去寻，哪里还有褚伯玉的身影，只见得椅子上胡乱丢着一身喜气洋洋的新衣。

找了半天，仍不见人，只有后厨一个帮闲的说，方才看到褚公子从后门出去，翻过院墙走了，喊他几声，他也不理。

大家赶到后院再去寻人，只见墙外是田，田外有山，哪里还有褚公子的影子。

采霞而食

逃婚的褚伯玉，在山林里开始了另一种自由的生活。

他从钱唐一直向东走，不知走了多少天，也不知走了多少路，到得一个山水清嘉之地。向人打听了一下，此地乃剡县（今绍兴嵊州）。

剡县是个好地方，早在东汉时，就有"刘阮遇仙"的故事流传民间。此地可以说是道家神仙文化的发祥地之一。剡县山高水长，林深树密，文人高士往来甚多。褚伯玉径直往深山中行去，留给世人一个决绝的背影。

从那以后，褚伯玉再也没有回到凡俗的生活。他这一去，等于是跟父母或世俗的生活做了一个果断的切割。

后来，他来到一座叫作西白山的深山里，在那里安下身来。

附近的樵夫耕农常能见到一个丰采飘逸的年轻男子，身材颀长，布衣芒鞋，在林下涧旁悠然漫步或卧石闲坐。此人便是褚伯玉。有时，他也会想起钱唐的家，想起家中父母。或许他的离家出走和不告而别，让父母气出病来，但是他现在也顾不上了。追求自己心中的理想，有时就该决绝一点，这是没办法的事。

西白山是座名山，听说当年，出身官宦世家的葛洪四处云游，也被西白山的幽静与气势所折服，便在这座山中隐居起来，终年采集草药，研制仙丹，编写医书。这倒是给褚伯玉更增添了一道信心与勇气。葛洪被人称作"葛仙翁"，是修习道家之人的偶像。有了这样的偶像作为生命的理想，褚伯玉愈加坚定起来。

褚伯玉就此隐姓埋名，渐渐与世隔绝起来。他在山中修了一座茅棚，过最简单的生活，饿了便吃山中的野果，渴了便饮山涧中的清水。茅棚中什么也不需要，衣被都是最简单不过的东西，只要能遮风挡雨、荫日蔽寒即可。

他在修道的路上越行越远，越潜越深。到了后来，他连穿衣也到了极限，一年四季，不论寒冬酷暑，只要一件薄衣即可，似乎天气的冷暖与他无关。吃饭也减少到极限，一天只吃一顿或是吃几粒野果，有时一连几天不吃，也不觉得饥饿。

褚伯玉还是会出坡干活劳作。他在溪涧边种了许多茶树，春天来临的时候，茶树冒出新嫩的叶片，他自己采来用清泉煮来喝，一喝则胸中清气上升，浊气全无。他又在茶林之间种了许多草药，偶尔有山下的人来此讨要，他便采一些送给山人，用以治病。更多的时候，山人樵夫来此，能见到茶炉里水声沸动，却见不到褚伯玉的人影；有时山人会自己采些茶叶或草药带走，褚伯玉也丝毫不以为意。渐渐地，许多人都知道，西白山里隐居了一位高人，但是真正能见到他面的人，却少之又少。

褚伯玉喜欢这样清修的生活。在西白山上，清晨东方布满朝霞之时，他便坐在一面岩石上，宽衣解带，袒胸露腹，吐纳修习。傍晚夕阳西下之时，他便朝着西方而坐，同样修习吐纳。

日复一日，年复一年。

山中无历日，寒尽不知年。

算起来，这样的山中修行的日子，褚伯玉过了三十多年。

但褚伯玉丝毫不以为意，他并不记日子，因为对他来说，日子或时间并没有太大的意义。他只是过着一天又一天，让自然与人体、与意念合而为一。有时候他坐着，却觉得自己已经飘然云天之外；有时候他在山林里云游，行于峭壁险岩、急湍流泉，却觉得肉身还在那块岩石上坐着，静心冥想。

饿的时候，只要吸一吸满天的云霞，腹中便有饱意。

渴的时候，只要想一想草木叶尖的清露，口中便有甘泉。

悠然世外

终于，还是有人找来了。

尽管大多数人连他是谁都没有搞清楚。

这样山高水远的地方，也不知道褚伯玉的声名是怎样传播出去的。有人循迹而来，愿意跟他修习道学，他也不迎不拒，人家真心想学，他就倾囊相授。也有显达之人前来交流，谈得来的多谈几句，谈不来的少谈几句，他也淡然处之。

这一天，担任吴郡太守的王僧达，专程来到西白山的茅棚，三盏粗茶之后，王僧达盛情邀请褚伯玉出山辅佐政务。褚伯玉说："隐居并非我出仕的道路，而是终极的理想。出山辅佐政务之类的事情，我就不去了。"听了这一番话，王僧达算是了解了褚伯玉的真正理想，于是不再勉强，而是诚挚邀请他到官邸谈心，并且住了一夜。王僧达说："就把这里当作你的茅棚吧，你想来便随时可来，想住便随时可住，来去悉由尊便。"褚伯玉谢过王僧达的美意，第二天依然告辞归山了。

当时的宁朔将军丘珍知道此事后，还写了一封信给王僧达。信中说："听说褚先生被你招住在公馆，他这样以松木泉石为友、蔑视功名的人，只会短暂停留，绝不会久留。尘世中的人事，都不是他所喜欢的。希望你成全他的想法，不要去勉强他。"

不仅普通官员知道褚伯玉，后来连皇帝都知道他了。齐太祖即位时，又特召吴郡和会稽郡的郡守，礼送褚伯玉进京，想加以重用。当送天子御诏的人来到简陋的茅棚时，褚伯玉却躺在床上，假装已生病，任由人怎么劝说也不起来，更不出门。

这样，连做皇帝的也拿他没有办法，只好命令会稽郡守在西白山建立了一间太平馆。太平馆建立后，褚伯玉一边继续修炼，精研道学，一边广收门徒，传授道法。他的弟子越来越多，后来流布出去，把道学传播得更广泛了。

褚伯玉的弟子里，最有名的还是孔稚圭。孔稚圭是山阴（今浙江绍兴）人，南朝宋、齐间的官员。这个人虽然是体制中人，却十分倾慕洒脱的人生态度。他自己文采斐然，也十分善饮，一饮就是七八斗。他在自家住处构筑山水，凭几独酌，把酒问天，不管杂事。就算门前生满了杂草，也不闻不问，夏天杂草里有蛙鸣阵阵，他倒是很开心，说这是蛙鸣鼓乐，大为享受。

褚伯玉交往的朋友里，有一位高僧，不知道到底是何许人。这位高僧禀性虚静，同样隐居在西白山的瀑布附近，也有后人说是天台的石梁飞瀑附近。这位僧人也精深修习，不服五谷，只是吃一点枣子、板栗等果子，后来也高寿近百岁。褚伯玉和他算是林下之交，两人每每论道说义，常在山中流连，饮茶相谈。

齐高帝建元元年（479），褚伯玉去世，说是山中遇暴雨，在溪中遇难，卒年八十六，坟墓也安在西白山。他的学生孔稚圭在太平馆立碑记之。千百年后，人们为了纪念褚伯玉，还将"太平"两字用作乡名、村名。

参考文献

1. 〔南朝梁〕萧子显：《南齐书·高逸传》。
2. 覃江：《褚伯玉与〈太平经〉》，《宗教学研究》2005年第1期。
3. 郭娜娜：《魏晋南北朝隐逸现象及相关问题研究》，博士学位论文，南开大学历史学专业，2014年。
4. 谢宝富：《两晋南朝隐士成因及其他》，《安庆师院社会科学学报》1992年第3期。

第四章

林逋：梅妻鹤子

欲望这个东西是无止境的，人生究竟什么才重要？君不见功名富贵，皆如过眼云烟，而人在世间，生命苦短，白驹过隙，转瞬即逝。什么才是自己最喜欢的生活？

到了孤山，可以停下浪游的脚步

人生到了四十，林逋（967—1028）开始做减法。

青春年少之时，谁不想骑马仗剑走天涯，谁不想博取功名济天下？林逋少年时也有这样的想法，刻苦求学，经史百家，无不通晓，胸中也有一腔抱负。

林逋何许人也？字君复，乃宁波奉化黄贤村人。因他后半生长期隐居杭州孤山，人多误以为他是钱塘人。林逋的祖父，曾出仕于钱镠王，为通儒学士，后来渐渐家道中落。林逋幼时，遭遇丧父之痛。年岁渐长，也没有什么可以仰仗的了。家里时有穷困，无可食之粮，无保暖之衣，但这都没有影响到他的好学进取之心。

但林逋的性格，还是内向一些，喜欢孤独清净，不喜迎来送往，也不善与形形色色之人交往。后来，他索性放游于江淮之间。青山秀水走过，城市街巷也走过。走的路长了，见的人多了，渐渐看清社会的真相，人人都在追名逐利。欲望这个东西是无止境的，人生究竟什么才重要？君不见功名富贵，皆如过眼云烟，而人在世间，生命苦短，白驹过隙，转瞬即逝。

什么才是自己最喜欢的生活？那些浪迹天涯的日子里，林逋常这样自问。

尤记得一个秋夜，明月高悬于江上，半江清辉，四野空寂。林逋卧于一舟之上辗转反侧。小舟悠悠荡荡，遥望夜空，深邃静谧。这一刻，天人合一的感受仿佛一粒星子照亮心间，林逋顿悟到，世间的一切都是如此短暂，人生的价值，与其向外求，何如向自己的内心求之？

山水之间，从来就是文人寄情之所。想到数年之间游历江淮，风光之明媚，四季之分明，多不及西湖。心念一通，就命船家返棹，不到一月，回到了钱塘，就寻得一处栖身之所暂居下来。

毕竟是文人，家境清寒，吃的用的时有不足，但林逋却泰然处之。有人劝他早日娶亲，贤妻可帮助料理家事；也有人劝他出仕，还是要去谋个一官半职。林逋一概笑笑，心里还是不以为然。经过一番游历，他早已明白，自己心中最珍视的一定不是功名富贵，也不是孩儿绕膝，而是远山近水，最适内心。有佳人在侧，举案齐眉，未尝不是好事，但跟一心无挂碍、草木自来去相比，家事也显得烦人了。更别说到官场谋食，周旋于各色人等之间，整日里说些言不由衷的话，应付些蝇营狗苟的事，实在不是高明的选择。

此心既定，林逋愈加向往归隐，也更坚定了不娶不仕的志向。他经常向西湖去，在云水山林之间往返，深觉要是在这西湖深处选择一个地方，造一间小屋，深居而简出，那该多好。六桥浅直而喧闹，两峰孤高而偏僻，都不算好；天竺山、灵鹫山、石屋洞、烟霞岭，他也都去看过，不是太合心意。直到来到孤山，他一下觉得，就是这里了。还有比孤山更好的地方吗？远处四面群山叠翠，就像一幅画列于案前；近处一湖如镜，碧波清澈，将绮丽风景映于波心。除了风光秀丽之外，地方也好，这里是一座孤岛，有水隔断，说近也近，说远也远，一般人进不去，市声喧嚣又可以阻隔——真是再没有比这更好的地方了。

就这样，林逋选择了孤山近水之处，结茅为室，编竹为篱，安顿下来。此时，林逋刚过四十岁。

种百株梅树，换点酒钱

到了这孤山荒僻之处住下来，林逋舒畅极了。四面无人，唯有云水相伴。朝来看花，晚去观云。相地栽花，随时植树。这儿置一块石头，那儿立一片篱笆。三四年之后，孤山这一小片地方已大为变样。但凡有游湖之人，远远观望岛上茅屋，都会心生羡慕，又听说有那么一位文人避居于此，又不由仰慕主人隐逸的高品。而岛上主人林逋，自然对此一无所知，他只是沉浸在自己的世界里悠然自得。

林逋在岛上，一点儿不会无聊。他所醉心之事，写字作诗，栽花植树，登山游湖。譬如栽花植树，最喜欢的是种梅花。他在屋后房前，顺着高高低低的山坡，栽下一株株梅花。林逋喜欢梅花。他所爱的，是梅花那一种缟素的襟怀，冷香的滋味，其幽幽于世间，孤芳而自赏的意境，某种程度上，与他自己的性情何其相似。

由此日增月累，不知不觉，林逋就种下了三百六十株梅树。他想："这数竟按着周天之数，一年有三百六十天，我有三百六十株梅花。我若是一天看一株梅，一年即可悠然而过；若是一株梅供我一天，一岁薪米可以无虞。"林逋大喜。他觉得这是冥冥之中，自然给他的启发与馈赠。对了，何不把梅子拿来出售？所得之利，刚好供一日之所需。

于是，他置了一个瓦罐，每一株梅树上的果实所获的钱，包成一个小包，投于瓦罐中。三百六十株梅树所售的钱，包了三百六十包，悉数放在瓦罐中。每天随机取出一包，或是一钱两钱，当天就用这一钱两钱；若只有五分，也只用这五分钱。他以这梅子所获的多少，作为日用支出的依据。待瓦罐空了，刚好一年，新梅子又可换钱了。

林逋种梅、赏梅、卖梅，过着恬然自乐的生活。每逢梅花将要开放之时，就整月都不出门，唯以诗酒，盘桓其间，常在梅园里吟哦、喝茶，或是一壶小酒相伴，在梅树下一直坐到月上中天。

《林和靖诗集》书影

林逋写过不少梅花的诗句，最为人所称颂者，莫过于这一首：

众芳摇落独暄妍，占尽风情向小园。
疏影横斜水清浅，暗香浮动月黄昏。
霜禽欲下先偷眼，粉蝶如知合断魂。
幸有微吟可相狎，不须檀板共金尊。

林逋园中的梅花开放，成为孤山最明媚的风景。游人多有不识，只见一人常隐现于梅林之中，更是心生崇敬之心。于是，不免有人闻香而来探梅。若是有人来访，林逋倒不硬拒，或是看客挑人，而是欣然相接。不管你是达官贵人，还是市井小民，或是文人诗客、无名小卒，林逋都一视同仁。对于林逋这样的高人，一般流俗之辈，到了门外也是心生惭愧，不便贸然相扰；薄有才名的秀才文士，与林逋相见，一起赏梅喝茶，若没有相当的高论，也就无法与林逋碰撞出什么心灵的火花，只是闲坐饮茶，少时便告辞而去。而若真有志趣相投者，则或字或画，或诗或文，酬意往还，意犹未尽。只是这样的人，又有几人？

久而久之，林逋虽不避人，而人多自避。时常乘一小船，往返于林逋门前者，无非是高僧诗友，稀稀数人也。

林逋的梅花诗，真是把梅写尽了，世人不可再写。林逋植梅，林逋有幸。梅遇林逋，梅亦有幸也。譬如后来流传数百年而众人皆知的几句："雪后园林才半树，水边篱落忽横枝。""湖水倒窥疏影动，屋檐斜入一枝低。""横隔片烟争向静，半粘残雪不胜清。"一字一句，真个把梅的情态摹写殆尽。

有人问林逋："这个地方有如世外桃源、人间佳境。

然而这是你的茅庐、你的梅花，它的景致、它的香色，都是你的。别人来看，虽不折毁，你倒也不担心别人窃走它的两三分香色吗？"

林逋笑道："偷窃自然不允许，好在梅花的香色，别人也偷不去一分。我也就没有什么好担心的啦！"

每当梅花开后，林逋自有许多幽赏的方式，非饮茶看花，细赏山色，就是举杯邀月，沉醉湖光。自己赏梅到如痴如醉之境，哪里会去管别人，只是随意写两句话挂在门前：

休教折损，尽许人看；
不迎不送，恕我痴顽。

有趣的灵魂，万里挑一

林逋流连于山水之间，常整日不归，有访客来了也找不到他。后来他就想了一个办法，买下仙鹤两只，养在园中。训练之后，仙鹤或飞入云间，或悠游湖上，都识得回家之路。

这两只仙鹤极通人性。想要吃食，就俯首长鸣于林逋跟前。林逋朝出游湖，鹤会相送；暮间归来，必引颈相迎：实在令人怜爱。林逋十分喜欢这两只鹤，对人说："它们就像我的孩子一样。"他对童子说："如果有远方客至，如果他很急，而你又一时找不到我的话，就请客人稍坐喝茶，再把其中一只鹤放出来。我若是看见空中鹤飞，知道有客来，就会掉转船头回来。"

林逋这样的高人，自有高人与之唱和。杭州郡守薛映敬慕林逋的为人，又喜爱林逋的诗作，在政事暇余，

〔宋〕马远《林和靖梅花图》

时常来到孤山拜访。二人或诗或酒。林逋不亢不卑,与接待常人无二。即便如此,林逋从未进城去拜访过对方一回。郡守自然能理解,也愈加敬重。

北宋天圣年间,王随以给事中主持杭州事务。到了杭州,听说林逋之名,亲自登抵孤山拜访。王随见了林逋,便问道:"处士为什么不出来任职?"

林逋答道:"我不是不出仕,实在是没有出仕之才能也。"

王随知道林逋是自谦,说道:"出仕须得有哪些才能?"

林逋又道:"上可以帮助君王,下可以惠泽民间,岂是我等草野散人所能做的事?"

王随笑道:"我倒是以为,出仕也好,隐居也好,道理是相通的。山林经济，也即是行政要事。"

林逋说："非也。隐居所需才能，不过栽培花木、豢养禽鱼，以及吟咏山水。在下不才，只是可以作几句诗、吟几句词。"

王随不以为意，与林逋对了几句诗，林逋吐辞恬淡，落笔高华，让他大为赞赏："林君高名，自有真也。"他见林逋的居所，园圃甚佳，居室简陋，就拿出自己的俸钱，帮他修葺一新。自此，林逋居所有了巢居阁、放鹤亭、小罗浮等景。

林逋终身不娶，当时人说他"以梅为妻，以鹤为子"。这"梅妻鹤子"的佳话流传很广，以至传到帝京，宋真宗赵恒都听到了他的大名，想请林逋出山，去教太子读书。这是一个可遇而不可求的美差，对于别人或许是求之不得，而林逋志不在此，故被他一口拒绝。真宗只好发令府县，要求赐予粮食布匹，时常关照体恤。

由此，林逋生活无忧。然而他虽感圣恩，却从不拿出来显摆。也有人劝他："如今圣上对先生你如此隆重厚待，你若出来接受职务，自是十分荣耀之事。"林逋道："荣华显贵，都是虚名；供职官家，也是难事。怎么比得上我现在的生活呢？你看一湖澄澈如许，两山苍翠环列，我在山水之间安卧起居，自由自在，何等受用！人生啊，繁华梦短，幽冷情长，自应知道如何取舍啊！"

湖上四时，无一日不恬然自足

林逋隐居湖上，写了大量诗稿，诗多奇句，凭此即可闻名天下。而林逋不以为意，随写随弃，所能收集留存下来的，不过其中一小部分。有人觉得这么多作品，写了就丢，实在可惜，林逋却一笑了之。

李及出知杭州。他为人清简，厌恶当时轻浮流俗的社会风气，出了一道禁令，禁士人女子游湖嬉戏，自己也遵守令条，从不涉足湖上。忽有一日，天寒微雪，他急急出城往郊外去。人都以为他做东，在湖边邀请宾客，雅集赏雪，孰知并非如此。他直奔孤山，拜访林逋处士，二人清谈，到暮色沉沉而归。

梅尧臣也是一名大诗人，与苏舜钦齐名，合称"苏梅"，又与欧阳修合称"欧梅"。梅尧臣曾说："林逋的学问很高，趣向博远，如果让他出来在朝廷做事，一定有很大成就。"此言一出，好多人都劝林逋出山。林逋都只是听听，付之一笑。

风花雪月，湖上四时；南北东西，山中百美。林逋悠然世外，高卧孤山，并非像有的人那样，名为归隐，实则伺机而动，心中无一日不梦想出仕。林逋则相反，隐于湖上，足迹不入城市二十余年，无一日不恬然自足。

林逋终身不娶，膝下无子，其兄之子名林宥，他再三教诲，直到林宥登进士甲科。有人借机说林逋："自身高隐，还要教侄子登科，荣之耶？辱之耶？"

林逋则回答："亦非荣，亦非辱。根据各人性情，各有相宜，宜则为荣，不宜则为辱。世上之事，岂可一概而论？"

此乃世事通透之语。

年六十二，林逋无疾而终。临去之前，他踱出庭园，将仙鹤依依不舍地抚摩一回，说道："仙鹤呀仙鹤，谢

第四章 林逋：梅妻鹤子

孤山放鹤亭（老照片）

孤山放鹤亭

谢你陪伴我这么些年。我这就要走啦！南山之南，北山之北，你俩可以自由自在，任意往还啦！"

少顷起身，在满园梅林中独行，像是对着梅树说，又像是自言自语："梅花呀梅花，二十年来，我安享你的清供，售梅果以度日，享清香以悦心，我心满意足啦！从此以后，花开花放，树荣树枯，你们各自安好。"

林逋去后，侄子林宥与侄孙林大年正谋安葬。忽有临江李谘来湖上相访，听说林逋已去，不由一惊，继而大哭。

原来林逋还没有归隐孤山之时，曾浪游客旅至临江，偶然会面，见李谘少年英伟，才思高华，虽然已是进士，世人却都不知道。而林逋一见就很赏识，说："李兄乃公辅之器也！"后来李谘果然出任三司，三司罢后，到杭州做太守。想到当年林逋先生期许之言，知遇之情，自到任之后，公事一完，就想去拜访酬谢知己。哪曾想到林逋已去，李谘不由大恸："我李谘承圣恩，赐我守杭，一则得以领略湖山佳景，二则便可请教君复先生诗篇墨妙，不料仙游，我李谘何不幸至此？"哭罢，与门人一起，将先生葬于孤山庐侧自营之墓。

宋仁宗赐谥号"和靖先生"，赐米五十石，帛五十匹。在《西湖梦寻》中，林逋死后，葬于西湖边，孤山至今仍有林和靖墓。当时林逋的地位高到什么程度？北宋灭亡后，南宋建都临安，西湖也繁华起来，周边田宅被皇家收回，墓地尽皆迁出，而林和靖墓却被保存下来，永远留在孤山，可见他的名望有多高。

林和靖梅妻鹤子的故事，流传千古。历代都有官府和名士祭扫、修缮林逋墓茔，元代郡人陈子安还在孤山筑放鹤亭纪念之。后世文人墨客每到孤山，都要提及林逋，似乎在中国传统文化的长河中，林逋与孤山已融为一体。明代王思任有《孤山》诗："……万事贤愚同一醉，百年修短未须哀。只怜逋老栖孤鹤，寂寞寒篱几树梅。"明代诗人陈鹤有《题孤山林隐君祠》，诗曰："孤山春欲半，犹及见梅花。笑踏王孙草，闲寻处士家。……"徐渭有《孤山玩月》诗："湖水淡秋空，练色澄初静。倚棹漱中流，幽然适吾性。……却言处士疏，徒抱梅花咏。"

今日孤山，仍是杭州最具意境的赏梅佳处之一。每到梅花盛开时节，林和靖墓、放鹤亭附近，宫粉、绿萼、骨里红梅等品种陆续绽开，三百多株梅树高低错落，疏影横斜，暗香浮动。

参考文献

1. 钟婴：《林和靖与西湖》，杭州出版社，2004年。
2. 〔宋〕林逋著，沈幼徵校注：《林和靖集》，浙江古籍出版社，2012年。
3. 〔元〕脱脱：《宋史·林逋传》。
4. 林雁：《千古西湖见一贤——论林逋隐逸的环境》，《北京林业大学学报（社会科学版）》2010年第1期。
5. 高文：《竹树绕吾庐，清深趣有余——论林逋的"陶渊明情结"》，《湖南工业大学学报（社会科学版）》2007年第1期。
6. 李秀敏：《林逋的隐逸：仕进欲求的变形》，《保定师范专科学校学报》2006年第3期。
7. 葛付柳：《略论林逋的隐逸》，《乐山师范学院学报》2006年第2期。

第五章

周密：癸辛街的乡愁

这是一个终生没有再走出癸辛街，而终生思念着北国故乡的人。宋亡后，周密寓居杭州癸辛街，无意出仕，而是以南宋遗老自居，著书立说。他的父亲曾说："我虽居吴，心未尝一饭不在齐也。"到了周密这里，他谨记着父辈的嘱托，也一刻不曾忘记故乡。

南宋文学家周密，祖籍山东济南。宋室南迁时，周密的祖先也一并迁往杭州。出身望族的周密，文学造诣甚高，却一直没有什么亨通的官运。宋朝亡国之后，周密毅然退出官场，隐居于杭城的癸辛街，一字一字、一行一行，记录下一个时代的背影。

一个文人的背影

南宋德祐元年（1275），元朝丞相伯颜统帅二十万铁骑，分数路大举南侵，企图一举灭亡南宋皇朝。

元军强渡长江，沿大运河经海宁长安，直逼当时的南宋都城临安（杭州城），虎视眈眈地屯兵于临安东北的皋亭山麓。

南宋王朝已处于命悬一线的绝境。

消息传来，正临窗书写的南宋文人周密愤而起身，掷笔长叹。他踱步良久，然后面朝北方，朝着家乡的方向，久久站立。

周密出身士大夫家庭，祖籍在山东济南，先人随高宗南渡后一并来到杭州。多年来他曾任义乌县令等职，时局的动荡不安令他时常念及故乡，幻想有一天能收复失地，他也能回到山东去。

13世纪，蒙古军横扫欧亚各国，可谓战无不胜，只有南宋顽强地与蒙古打了半个世纪的战争。而今，他们终于攻到了南宋都城之外。此时度宗已死，由其幼子赵㬎继位，即宋恭帝——赵㬎只有四岁，事实上，由太皇太后谢氏主持朝政。

元军兵临城下，偏居苟安的南宋王朝岌岌可危，谢太皇太后与丞相陈宜中正在加紧进行议和活动，乞望能以大幅土地作交换，保留小朝廷。但元军没给宋廷议和派任何幻想余地。

一个王朝气数已尽，一个文人开始记录。

《武林旧事》书影

这就是我们今天读到的《武林旧事》与《癸辛杂识》。

宋亡后，周密不愿意做元朝的官，于是隐居在临安城中一个叫癸辛街的地方——就是今天的仁和路，日日伏案，不厌其烦地把前朝的种种事物记录下来——是对行将消失事物的资料性描述，更是对旧时生活的深沉留恋与惋惜。

一个时代的阴影之下，周密临窗嗟叹。

两段不同的人生

今天我们要感谢周密。如果没有周密写下《武林旧事》《癸辛杂识》《齐东野语》这样的笔记，我们对于南宋历史的了解恐怕就要缺失很多。

周密隐居在杭州的癸辛街，用了二十多年时间，一字一字、一行一行，记录下他所生活的那个时代的一切。

如果把周密的一生做一个划分的话，两段人生，泾渭分明。前一段是四十六岁之前，他吟诗作赋，弹琴赏曲，之后在各个不同的岗位上做着小官吏；四十六岁之后，元军攻破临安，宋亡，周密归隐，从此遁迹不出，孜孜不倦埋头窗下，将一腔抱负与无尽隐衷都付诸著述之中。

兵荒马乱的年代，能够自主选择自己人生的人，不多。

周密没有出任元朝的官吏，而是选择了另一种人生的道路。所谓四十不惑，周密做出这样的选择，一方面是出于自身性格的坚毅决绝，另一方面亦是出于对事业和人生的深刻认识。

周密，字公谨，号草窗、蘋洲，出身于世家。其曾祖父周秘仕为御史中丞，于靖康之难后随宋高宗南渡，在湖州安家，后寓居吴兴弁山。周密出生于宋理宗绍定五年（1232），殁于元成宗大德二年（1298）。

周家可谓书香门第，三代累计的藏书有 4.2 万余卷，金石之刻 1500 余种。周密幼年随父亲周晋宦游浙闽等地。周晋家学深厚，工词能文，常与学者名流载酒论文、清弹豪吹，笔砚琴樽之乐，盖无虚日。其母章氏，亦通文墨。周密就是在这样浓厚的文化氛围中成长起来的。

人常说，三代才能培养一个绅士，三代才能培养一个科学家。其实，有一个好的家学基础，不管后来是从事文艺还是科研，都是一件幸事。

周密毫无意外地继承了这种家学，且显露了非凡的文艺才华。他诗词极佳，也善书画，对于金石、书画、文物、曲艺的鉴赏都极具水准。

大概是因为家境太好了，作为江南才俊的周密，并未对做官显得十分热衷，而只是把这条路当作人生的职业选择。

那个时代，出仕几乎是读书人唯一的正途。

三十岁，在临安府做幕僚；三十二岁，奉檄督收民田，结果逆拂了大官的意思，只好辞官回家。才华横溢之人，仕途一般都不会太顺。一路都是办事员、科员之类的微职，一直到了四十五岁，才出任义乌县令。

县令，一县之长，不算什么大官，但是要为一县之民谋点福利，也是可以有一番作为的。周密原本可以在县令这个职位上施展手脚，做点事了，却立即碰到了更大的事——元军打来，临安都城被破——啊，南宋亡国了。

好吧，周密解甲归乡，回到了湖州。无奈弁山家破，兵荒马乱之中，家中所藏的金石书画已荡然无存。这对周密的打击是巨大的，忽然之间，有如丧家之犬，已然没有了一个安身之处。

不久，他投奔杭州的内弟杨大受，借住在癸辛街，从此遁迹不出。

一个人的人生，由此截然分成了两段。

自四十六岁之后，一直到六十七岁辞世，二十余年间，周密埋头窗前，在一张书桌上吭哧吭哧地写下了一个朝代的背影。

那纷纷的故国记忆

当初，宋高宗南下杭州，决定在凤凰山修建行宫时，那里尚是一个天然大鸟窝，林木蓊然，鸦以千万。

凤凰山曾是旧时钱王宫，之前的500年间，历朝历代修建了庞大的古建筑群，但南宋初近十年间的几次劫难，又让那里成了一片废墟。破坏最厉害的一次，是1129年金兵入杭，次年金兀术从杭州退兵，纵火城中，烧了三天三夜，烟焰不绝，掠走了大量金帛和美女。金人焚荡之余，大批前朝留下的宏丽建筑和精美园林已化为乌有。

可凤凰山地形多好哇，登到山顶，举目四望：钱塘江在前，征帆点点，远山绰约；西湖在后，波光山影，柳堤烟树；东望城郭，西眺群峰，杭州的山川江湖美景，尽收眼底了。这样的天然形胜，辉煌过往，使宋高宗也不得不对它一见钟情。

宋金议和之后，南宋获得了喘息机会，也使修建皇城有了条件。此后，历代皇帝不断改建扩建，经过持续一百多年的建设，凤凰山东麓形成了一座方圆九里、巍峨辉煌的宫殿群组。

这些建筑规模有多么宏大？且看——门19座，其中皇城门4座，水门2座；殿23座，其中正朝区中2座，后宫视事殿2座，皇后、太后居殿5座；堂23座，斋4座，楼6座，亭90座……

这些，都被周密记在了他的书——那本《武林旧事》中。

元军围城，谢太皇太后派人去向伯颜投降，伯颜不接受，非得要派出丞相以上的人才能对话。这时候，胆小怕事的丞相陈宜中早就顾自逃命去了。看来看去找不到别人，谢太皇太后只能临时封了个官给文天祥，让他以丞相的身份，前去驻扎在皋亭山的元军大营商谈。

这是初春的一个早晨，还是寒霜遍地。天刚放亮，临安城的北大门——艮山门开启，一支一百多人的马队，举着"宋"字大旗，穿着各种服式、个个面色凝重的南宋官兵，出城而去。这支临时组建的使节队伍，为首的正是临危受命的丞相文天祥。

但文天祥却被伯颜扣下了。谢太皇太后没辙了，用小皇帝赵㬎的名义向元"百拜奉表"，自动削去帝号，改称"国主"，派大臣带着宋朝传国玉玺三去伯颜营中，拱手送上尚存的全部河山。

二月初，年幼的恭帝率文武百官在祥曦殿内，面北朝拜，向大都元王朝行降礼，乞求成为它的一个藩属。

三月，伯颜入城，押送南宋末代皇帝等皇族成员，离开他们的国都，结束了他们在此安享富贵的生活，踏上了北上大都、归为降臣的漫长路程。

俘虏们乘船离开临安时，吴山渐远，凤凰山上的故宫依旧，却已易换了主人。前途渺茫，繁华如梦，南宋王朝基本宣告灭亡。

绍定四年（1231）九月，临安发生了一场大火："延烧太庙、三省、六部、御史台、秘书省、玉牒所……"这场大火十分可怕，黄烟四塞，空气中充满灰沙尘土，鼻子嗅着就要打嚏流泪，屋瓦上，甚至室内的桌椅上面，都蒙着厚厚的一层灰沙。只相隔丈把路，就看不清人面。这样的情况，持续了两昼夜之久。

这场大火，记在周密的《癸辛杂识》里。

宋亡的第二年，临安又发生了一场大火，"民间失火，飞及宫室，焚毁过半"——到底是什么样的大火，能将宋宫焚毁过半呢？虽然据周密说，当时民间失火是经常的事，但烧的都是坊间民居。宋宫四周并无民居，全是朝廷重要机关，一直要向北过了太庙，才有民居和店铺。而太庙之东是中河，有河道阻隔，东岸即使失火，也不会烧到河西去。

这一场神秘的大火，越过三丈高的皇城城墙，烧到宫室殿宇，把南宋皇宫焚烧至尽，只留下一场灰烬。

这一字一字、一行一行，周密用文字勾勒下一个朝代远去的背影。

那其实也是令他怅惋的故国家园。

二十年江湖隐者

周密原本就颇负词名。他的词，在南宋末年极为典雅华丽、婉雅空灵，每首词中仿佛都流转着一股沁人的清气。

郑振铎分析过："因为词的一体，到了张炎、周密之时，已经凝固了，已经是登峰造极，再也不能前进了，只能在咏物寓意上用功，只能以'意内言外'的作风为极则。"

但是自从隐居癸辛街之后，国破家亡的命运促使他的创作思想也发生了巨大转折。惨痛的记忆刻在心里，

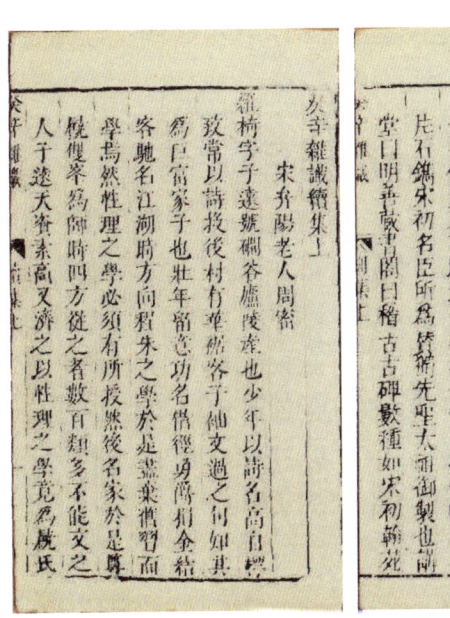

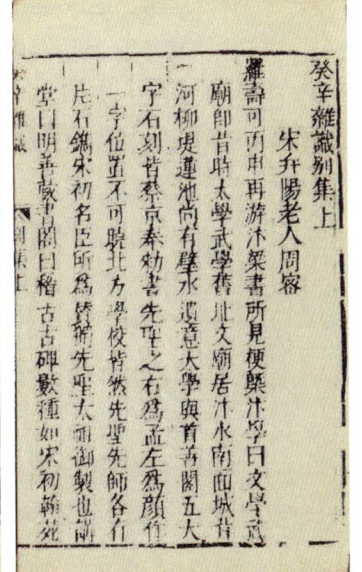

〔明〕木刻本《癸辛杂识》书影

战乱带来的生灵涂炭让他悲愤难平。他的文章变得沉郁，他创作的目的也不再是与文朋诗友唱和，而是转向保存民族的文化与记忆。

在一个个晨昏之间，他写下了《齐东野语》《武林旧事》《癸辛杂识》《浩然斋雅谈》《志雅堂杂钞》《澄怀录》《云烟过眼录》等四十余种著作。后世亡佚不少，流传至今者尚有二十余种。

这些书卷笔记，提供了大量的史料，其内容翔实，考证精详。其中所记，虽多属逸事秘闻，但能补正史之不足，也为后人研究南宋史实、典章制度，提供了精细入微的视角。这些文字上面，凝结了周密报效故国的一片忠心。

周密深怀爱国之情、亡国之痛，始终抱有恢复故土的强烈愿望。在笔记《齐东野语》中，他自署"历山周密公谨"，又自号"华不注山人"，成书时，宋已亡十余年。这书是在江南，在杭州著成的，又多凭记忆书写南宋事迹，而以"齐东"命名，足以看出周密缅怀北国故乡的深情。

《癸辛杂识》同样是作于癸辛街隐居期间。此书多载宋元间遗闻逸事，有关史实、民俗风情，也足与《齐东野语》互为对照。《武林旧事》则专记南宋都城临安的各项掌故、风物。这些笔记，同样材料丰富、见闻广博，都是关于宋代野史的重要文献，对当朝政权、经济形势、政治水平、文化水平、风俗人情的记录，是后代学者研究、考察当时社会生活的重要资料。

周密又曾作《志雅堂杂钞》，著录有关图画、碑帖、珍玩、宝器、医药、阴阳算术、仙佛、书史等方面的知识。又撰《云烟过眼录》，记载当时各家所藏奇珍古玩及评论书画。其《澄怀录》，则是前人片断散文的辑录，其中多是古人所写自然风光或田园生活。

周密晚年自号弁阳老人、弁阳啸翁，也居临四水，自号四水潜夫。这样一个隐居于街巷深处的普通老人，为后世留下了太多珍贵的记忆。

譬如，至元二十五年（1288）十月二十四日夜，杭州发生大地震，达4.25级，仅次于南宋绍兴六年（1136）的4.5级。这次地震，当时居住在癸辛街的周密，即以亲身经历做了记录。史料珍贵，引录如下，由此可以感受周密的非虚构文风与雄健笔力：

> 至元二十五年戊子岁冬十月二十四日丙子，夜正中，地大震。始如暴风驾海潮之声自西南来，鸡犬皆鸣，窗户碌碌有声。继而屋瓦皆摇，势若掀箕。余初闻是声大惊，以为大寇至，惧甚，噤不敢出息。继而觉卧榻撼如乘舟迎海潮，始悟为地震也。远近皆喧呼，或以为火，凡两茶顷，甫定。次日，亲朋皆相劳问，互言所闻。至十一月初九日庚辰辰时又震。余向于庚子岁侍先子留富沙，曾经此变，乃晡时，杭、霅则在二鼓后，此理不可晓。（周密《癸辛杂识》续集卷上《戊子地震》）

这是一个终生没有再走出癸辛街，而终生思念着北国故乡的人。

他的父亲曾说："我虽居吴，心未尝一饭不在齐也。"到了周密这里，他谨记着父辈的嘱托，也一刻不曾忘记故乡。

〔元〕赵孟頫《鹊华秋色图》

元贞元年（1295），赵孟頫在济南当官任满，回到杭州时，周密请他画了一幅祖籍地济南的山水景色，以慰乡愁。赵孟頫因此作《鹊华秋色图》相赠。

此图描绘的，正是济南东北华山和鹊山一带秋景，画境清旷恬淡，表现出恬静而悠闲的田园风味。作品采用平远构图，再以多种色彩调和渲染，虚实相生，笔法潇洒，富有节奏感。鹊山、华山绿秀，远树茅屋，烟云迷茫。此图不仅时时叩动周密的乡愁，也成为传世之作，至今仍是国宝，藏于台北故宫博物院。

参考文献

1. 〔宋〕周密撰，吴企明点校：《癸辛杂识》，中华书局，1988年。

2. 〔宋〕周密撰，黄益元校点：《齐东野语》，上海古籍出版社，2012年。

3. 〔宋〕周密：《武林旧事》，浙江古籍出版社，2011年。

4. 汤清国：《百年来周密笔记研究的回顾及展望》，《文艺评论》2014年第6期。

5. 赵明海：《宋代社会生活管窥——读周密〈癸辛杂识〉》，《商丘师范学院学报》2007年第8期。

第六章 汪元量：宫廷琴师

琴师、遗民、道士,这是汪元量一生中的三个身份。在宋亡之后,汪元量随宋室三宫人员北上大都,开始了旅食天涯的生活。在此过程中,他一天不曾忘记自己的故国与故乡。在赵宋王族烟消云散之后,作为琴师的汪元量终于乞求得以黄冠道士的身份南归,隐居西湖。

汪元量琴弹得极好。

但汪元量毕竟只是一名琴师。

不管汪元量有多么著名,他终究只是宫中的一名下人和随从。在风雨飘摇的时代之中,国家这艘大船的航向尚不可把握,何况微如草芥的一名琴师?

悲怆北上

汪元量,宋理宗淳祐元年(1241)生,字大有,号水云,亦自号水云子、楚狂、江南倦客,钱塘(今浙江杭州)人。南宋末年诗人、词人,著名琴师。

二十岁的汪元量,已是南宋宫廷中最重要的琴师。

有人说汪元量的父亲就是一位宫廷琴师。也有人说汪元量在少年之时便出入宫廷,为宫中弹琴,且深受宫内嫔妃的喜爱。

清代厉鹗编辑的《宋诗纪事》中说汪元量:"当度宗

时，以善琴出入宫掖。"

在宫中弹琴的十多年间，汪元量一直过着衣食无忧的生活。尽管琴师的地位并不高，只是一个下人，但汪元量的才华仍足以支撑他过上体面而舒适的生活。除了弹琴，他亦能写诗作词绘画，故一直在内廷侍奉谢太后和王昭仪。

那时，南宋政权已经风雨飘摇，内忧外患。

早在南宋理宗端平二年（1235），蒙古军队正式进攻南宋，从而拉开了攻灭南宋的战争序幕。

经过长达四十年的战争，至宋恭帝德祐元年（1275）秋，蒙古三路大军南下，进驻临安西北面的皋亭山，逼近南宋都城临安。

宋朝无力抵抗。次年正月，宋廷降元。

正月，丝毫没有新年的喜庆气氛，宋室太皇太后在降表上签下了"谢道清"三个字，成为极其屈辱的一刻。元人不仅"入索宫女、内侍、乐官诸色人等"，到了三月，元世祖忽必烈又诏令宋室三宫人员北迁大都。

宋恭帝、全太后出宫，太皇太后以疾留大内，隆国夫人黄氏、朱美人、王夫人以下百余人从行，数千人浩浩荡荡，被迫北上，前往元大都。

作为宫廷琴师的汪元量，抱着一颗忠心，也随三宫北上，自此开始了长达十三年的北方漂泊生活。

汪元量在文学上也极有才华，他的友人多次将他比作"唐玄宗时的李白"。他在写诗上的才华,加上琴师的特殊身份,使他成了改朝换代的直接目击者、见证人。

离别这座城市之前,汪元量作《晓行》诗,其中有"行行忍见御沟水,流出满江花片红"等句。从杭州万里到幽州,汪元量目睹了南宋朝廷最终奉表降元的悲惨一幕,以及亡国之后三宫北上一路的凄惶悲怆。

汪元量将一切"可喜、可诧、可惊、可痛哭而流涕者,皆收拾于诗",用他的诗句,记录下人间"不传之史"。他相继写下《湖州歌》九十八首、《越州歌》二十首、《醉歌》十首,记录北徙之事。这些具有强烈纪实性的作品,在字里行间流露出大宋遗民的悲愤之情,可谓一部"诗史"。

汪元量的诗,在一定程度上具备了弥补史书之不足的作用。这一点,他的同时代友人就已经明确指出,并将他与杜甫并提。

对于汪元量来说,他少年和青年时期的幸福生活是短暂的。一个时代的巨变,就如滔天巨浪,必将摧枯拉朽一般改变无数人物的命运。从决定跟随三宫北上的那一刻起,他的人生就已经改变了。

在那个时代,没有人能改变潮水的流向。

宋室消亡

汪元量琴弹得极好。

江元量只是南宋的琴师。走遍天涯路,他有自己的本分,那就是做好侍从,用一片忠心与无尽琴音,陪伴在三宫左右。

汪元量《湖州歌》

现在，汪元量不只是南宋的琴师，来到元大都之后，他也受到了元主忽必烈的特别恩遇。虽然他经常被思乡的孤独感所包围，民族的耻辱与个人的孤寂也时常袭上心头，使他在离家万里之地独自黯然神伤。但是，元主显然很看重他，经常邀请他参加各种筵席。很快，汪元量便以其杰出的琴艺，在大都拥有了响亮的声名。

在大都期间，汪元量甚至入朝为官，任翰林供奉。对于这一点，汪元量也有过犹豫，自言："只今对客难为答，千古中原话柄长。"他也知道的，这可能会成为他人生中的污点，也许会因此给后世人留下话柄，总有人会议论纷纷，但总体来说，他是释怀的、坦然的，他能做到问心无愧。

对于这一点，王国维在《观堂集林》卷二一《书宋旧宫人诗词湖山类稿水云集后》中有过明确的描述："中间亦为元官,且供奉翰林,其诗具在,不必讳也。……水云在元颇为贵显。"汪元量也许有许许多多不得已的理由出仕为官,而且他"国亡北徙,侍三宫于燕邸,从幼主于龙荒",辅助完成前朝幼主的教育工作,也足见其忠心耿耿。

因此,王国维提出:"水云本以琴师出入宫禁,乃倡优卜祝之流,与委质为臣者有别,其仕元亦别有用意,与方、谢诸贤迹异心同。"

汪元量自己在《答徐雪江》一诗中,也说到了为官之事。他对此事毫不隐讳,也觉得自己问心无愧。

元至元二十一年(1284),汪元量被任命为岳渎降香的代祀使,与朝廷重臣严学士同行。临行前,元世祖慎重地将此任务交给他们,说"如朕亲行岳顶来"。

圣旨一下,立即起程。

这一次,汪元量作为随行的汉人,足迹遍布黄河、长江流域。曾经在东部沿海地区北上游历过的汪元量,又一次有机会在中国的西北、西南、中部、东部留下自己的足迹。

在交通运输极不发达的七百多年前,一个人能有幸走遍中华大地,踏访大江南北,实属不易。

这一段常人所没有的经历,让汪元量在极其特别的人生背景下,拥有了比他人更为宽广的视野。这次降香,汪元量不仅祭祀了北岳恒山、西岳华山、中岳嵩山、南岳衡山、东岳泰山、四川青城山,还经过了四川成都的杜甫草堂,拜祭了德阳的孔子庙。这是汪元量第一次面对如此绮丽雄伟的名山大川。

回到元大都后，汪元量已经成为当时朝廷中比较受重用的汉臣。再一次回到元朝皇帝还是大宋幼主的两难境地中，汪元量没有忘记自己的使命，他对于宋室三宫依然是忠心耿耿、无比赤诚的。

只是，接下来各种噩耗不断传来：先是执掌着大宋最后大权的谢太皇太后终于闭上了双眼；紧接着，被汪元量视为知己的昭仪王清惠也远离了这个混乱的世界；被降为瀛国公的宋恭帝入吐蕃学佛法，其母全太后入正智寺为尼。宋室终于在苦苦支撑、忍辱偷生十多年后，土崩瓦解。

我们无法猜测汪元量当时的心情，想必也是无比悲伤和落寞的吧。作为宫廷琴师，汪元量苦苦坚守的那个东西已经倒塌，而他和宋室皇族的关系，也将就此画上一个句号。

湖山归隐

汪元量的琴音，已经失去奏响的意义。

赵宋皇族已然烟消云散，汪元量不必再守护什么了。几乎在同一时间，他向元主忽必烈提出了一个请求，希望能允许自己以黄冠道士的身份南归。

这是一个忠君爱国之士的选择。

对于汪元量来说，继续留在朝廷内，享受荣华富贵和自由自在的生活，仍是一件容易的事情。但是他不愿意。那不是他想要的东西。

这个曾经劝勉文天祥"君当立高节，杀身以为忠"，对文天祥"要与人间留好样"的英雄气概赞赏不已的遗民琴师，曾立下"予将归死江南"的誓言。现在是他践行誓言的时候了。

在乱世之中，像汪元量一样以道士身份南归的人不少，证明那是受元朝认可并行得通的一条路径。

元世祖忽必烈同意了汪元量的请求。

元世祖至元二十五年（1288），离开临安已经十三年的汪元量，出家为道士。此后，年近知天命的汪元量，在经历漫长的迁徙之后，终于回到了阔别已久的家乡钱塘。

钱塘山水重新拥抱了这个乱世之中漂泊无依的灵魂。

回到杭州后，见到了久别的亲人和朋友，也让他重新回忆起了往昔的欢笑和泪水。他写下了不少忆旧的诗词。

汪元量在杭州的丰乐桥外，筑屋五间，名"湖山隐处"。这里也成了他最终的归宿。

在丰乐桥外隐居的日子之余，他往来于江西、湖北、四川等地，访旧忆往，结交人物，并以特有的视角和情感写下了大量诗词，记述了改朝换代前后的所见所闻和社会现状。

在亦道亦儒、半隐半出的状态中，汪元量安度他的余生，留下了颇为丰富的著述，有《湖山类稿》《水云集》等。其诗纪宋元鼎革、宋室"北狩"之变，当时就有"诗

〔宋〕佚名《文姬图》（美国波士顿美术馆藏）

史"之誉。其作品后来多有散佚，清人亦有传抄、辑佚、校刊其作品。

看世上，壮怀激烈都散去，云淡风轻人自来。

烟云缥缈之中，还有琴音偶尔会在时空中响起，很少有人知道那是汪元量在弹奏弦琴。

有人说，汪元量在人生最后的岁月里，就像飘风流云，来去无迹，"江右之人以为神仙，多画其像以祠之"。

参考文献

1. 陆琼：《汪元量生平及交游研究》，硕士学位论文，华东师范大学中国古代文学专业，2005年。
2. 〔宋〕汪元量著，胡才甫校注：《汪元量集校注》，浙江古籍出版社，1999年。
3. 方勇：《南宋遗民诗人群体研究》，人民出版社，2000年。
4. 陈楠楠：《汪元量事迹杂考》，《内蒙古社会科学（汉文版）》2016年第6期。

第七章 黄公望：人生从来没有弯路

人生从来没有弯路。所有的路途都不会白走。试想：如若没有他的半生失意，哪来一位山水画大师？黄公望投身全真门下，修性养命，寄情山水，彻悟人生。他以寸笔一杆，为自己画出了一方天地。

有一种爱,爱之深切,弃之不舍。

吴洪裕是著名收藏家,曾收藏了一幅画,他对此画爱之入骨。病逝之前,吴洪裕奄奄一息,想到这一生什么都可以舍弃,唯有此画不忍弃之,喘着最后一口气对家人说:"这幅画我得带走,你们把它烧了吧。"

火苗舔着画纸,火光在众人的泪光中闪烁。

好在有个人及时赶到,眼疾手快,扑将上去一把将画作从火盆里抢救出来。可惜的是,画作已被烧成两截。这个抢画的人,是吴洪裕的侄子吴静庵。

这幅画,叫《富春山居图》;画的作者,是一位元代人,名叫黄公望(1269—1354)。

生性爱自由

在西湖边的花家山宾馆内,有一眼泉水,曰"雅谷泉"。据专家考证,这眼泉水就是古之"筲箕泉"。

黄公望像

当年黄公望隐居于此，画了一幅后来失传的《筲箕泉图》。

黄公望好友郑洪当年还有一首《题黄子久画》诗："筲箕泉上青松树，犹复当年白版扉。"此诗与《筲箕泉图》，都足以证明黄公望当年确实隐居在筲箕泉。可惜，此泉附近的子久草堂，今已荡然无存。

黄公望二十多岁时，来到西湖赤山之阴、筲箕泉畔，建了一间临湖的茅庐。那时，他刚从家乡常熟来到杭州，当上书吏不久。

书吏并非什么大官，不过是秘书一类的文职，但对于年轻人黄公望来说，无异于打开了一扇通向仕途的人门。

黄公望能当上书吏，并不容易。他没有一个好的出身。1269年，黄公望出生在江苏常熟城内，他本不姓黄，姓陆名坚。黄公望生父的祖籍地是松江。当时松江属江浙行省下的一个府。松江，史上又称"华亭"，有"云间"的雅称。

不到十岁，陆坚父亲病亡，他只好过继给了一个姓黄的富商。此人是迁居常熟小山村的永嘉平阳人。黄氏收陆坚为养子，极为开心，逢人便说："黄公望子久矣。"由是，陆坚改姓为黄，名公望，字子久。

黄家生活条件不错，黄公望自小就培养了各方面的才艺，写字、作诗、绘画、作词填谱，样样都拿得起。黄公望天资聪颖，勤奋好学，十二岁参加常熟本县的神童考试，一举入榜。

只可惜，黄公望没有赶上好时代，偏生在了南宋末年。彼时，元军南下，南宋在与元军对抗数年后还是灭亡了。元朝建立后，废除了选拔年轻人才的科举制，此后南人更是受到排挤，可以说，江南的年轻人靠科举及第来改变命运的道路彻底走不通了。

还能怎么办？摆在黄公望面前的，也是难走的路。跟别的年轻人一样，唯一的办法，是依靠社会人脉关系，广泛结识各路显贵人士，再通过当职官员的举荐，才能有入仕的机会。

黄公望从老家出来之前，迎娶了邻村的叶氏为妻，还有了两个儿子。二十三岁，他经人举荐，离开家乡，远赴江浙行省杭州府，拜访了时任浙西廉访使的阎复和江浙参政的徐琰，被他们相继任用为书吏。

当上书吏后，他在筲箕泉畔搭了一间茅庐居住，一有空，就在西湖周边游走，广交朋友。茅庐不远处有一座建于隋朝的佛家净地高丽寺，是他经常会友的地方；西湖东北边的马市巷，有一座宋代王重阳弟子王处一得朝廷赐建的全真道观——玉阳庵，也是他经常游玩会友的地方。

从二十三岁到杭州，到三十岁回到家乡常熟小山，这七年之中，黄公望交友无数。这时的黄公望正是满腔热情的年纪，流连官场、热衷社交，也渴望混个一官半职，过个体体面面的人生。

这是当时的读书人相当主流的价值观，而结交社会名流，也是当时人们谋求上进的表现。

在玉阳庵，黄公望有多位道中好友，他因此学到了算卦占卜的技艺。有一位道友送黄公望一件道袍，他非常高兴，有一次竟然穿了这件道袍到廉访使衙上班。结果，廉访使徐琰刚好看到，当即大怒，当众把黄公望痛骂一顿。

黄公望大伤自尊，那时他也年轻气盛，干脆辞职而去。

飘零不由己

黄公望的辞职，到底还是有点儿任性。

没了工作，无所事事，黄公望只好回到家乡常熟，在虞山西麓的小山村吟诗作画达四年之久。

三十四岁，黄公望开始出游。他云游虞山周边的玉山、娄东、长洲、吴江、松江、荆溪等地，广交诗书画文友。

其间因生活困顿，一度还以算命占卜为生。

实在没有办法，只好重新回到杭州，毕竟工作过多年，或许能谋个差事。在西湖边游走，黄公望心情复杂，百感交集。眼前一山一水，风流云转，曾经寄托着他的梦想与前程，而眼下，这样浪荡赋闲的日子，什么时候才能够出头？

就在湖边闲游时，黄公望居然与一个人不期而遇，此人是时任江浙行省平章政事的张闾。两个人相谈甚欢。张闾说，正巧衙中缺人，不如你还是来衙门做事吧。

就这样，四十三岁的黄公望，重新当上了衙中书吏。

他回到筲箕泉畔，把昔日的茅庐重新整修一番，依然入住其中。

一年后，黄公望的顶头上司张闾被朝廷调往大都（京城），任中书平章政事，黄公望随之入京。后来江浙行省地方上发生严重的灾荒，张闾熟悉江浙行省地方人事，朝廷又将他调回江浙行省，开展赈灾救济工作。

可惜，张闾是个贪官，当年秋九月，他贪赃枉法，"以括田逼死九人"一案，被朝廷逮捕。

担任书吏的黄公望，自然也无法幸免。他受此案牵连被捕入狱，此时年近半百。

人在江湖飘，哪能不挨刀？黄公望在狱中那一个个孤寂难眠的夜晚，也许已感受到命运深深的凉意。那么多年，一直在官邸府宅、名士权贵中游走的黄公望，虽懂得结交权贵的重要，到头来又怎么样呢？命运这艘小船的摇橹并不掌握在自己手中。波起浪涌，风吹雨打，自己不过是江上一介飘零者，忽而光鲜，忽而入狱，命运沉浮之间，仿佛有一只看不见的巨手在左右摧摇。

人生仿佛是那看不见黎明的漫漫长夜，到底该怎样才能烛照自己的人生？

寄情山水间

出狱后，年过半百的黄公望，对做官彻底失去了兴趣。

有朋友相邀：还是去府上做书吏吧。

黄公望摇头："不，我要出门去了。"

"去哪？"

"山水佳处，便是我家。"

黄公望先返故乡常熟，而后开始了云游。云游之地，始终都在江南一带，并未远离杭州。

一个偶然的机会，他找到了赵孟頫，并拜在他的门下，开始学画。

赵孟頫乃元代政治舞台上声名显赫之人，"荣际五朝，名满四海"。又因其在诗书画印上皆有造诣，亦是元初文坛、艺坛的风云领袖。

因赵孟頫当时的身价与名望，江南一带的显贵、名士都争相聚而友之，赵门中往来者，非名即贵。黄公望此刻彻悟了，他要踏踏实实，在一门技艺中寻得内心的宁静。

俗语云："人过三十不学艺。"黄公望年过半百学画，犹有大成，靠的是什么？

靠的大概是对人生大起大落之后的体悟吧。

放弃了功名的黄公望生活变得简单，心境归于天真。有时坐在石头上看山看云，岿然不动直到天黑；有时坐听松涛流泉，下雨了也浑然不觉；有时和朋友一起，趁着月色喝酒，把所有的酒瓮用绳子捆在船边，等船靠岸时，咔嚓一声，绳断瓮裂，他哈哈大笑，仰面而去。这就是世人所称的"大痴本色"。

黄公望在题赵孟頫《千字文》中称："当年亲见公挥洒，松雪斋中小学生。"他学画之时，自称为"小学生"，心境渐归于天然纯粹。

五十岁之前，黄公望可谓纯然是一个失败者。波折艰辛的宦场，本是他人生热切的追求与希望所在，却最终使他遭受沉重的打击。然而，这前五十年的失败经历，恰恰是一个传奇开始的注脚。

人生从来没有弯路。

所有的路途都不会白走。

试想：如若没有他的半生失意，哪来一位山水画大师？

自此，黄公望投身全真门下，修性养命，寄情山水，彻悟人生。他以寸笔一杆，为自己画出了一方天地。

人生难的是，找到自己存在的理由。

黄公望的后半生，在艺术中实现了自我的升华。他与同时代的王蒙、倪瓒、吴镇交往密切，诗画互赠，切磋探讨，常以合作山水画为乐。这几位优秀的画家，不但都创造了自己独特的艺术风格，还致力于意境章法及诗文与绘画的有机结合，共同把中国文人画推进到一个崭新的天地，因此获得"元季四大家"的殊荣。其中，黄公望尤以卓越的成就屹立顶峰，对后世画坛产生巨大影响，被推为"元四家之首"。

元至正七年（1347），七十八岁的黄公望与师弟无用（本名郑樗），来到富春山。此山面临富春江，江边有世所称仰的高士严子陵垂钓的钓台，他与师弟无用一同住在钓台附近的南楼之上。

富春江风光秀丽，让看遍名山大川的黄公望驻足停留。他在富春江畔度过了人生最辉煌的时期，留下了一大批杰作，其中最著名的，便是传世名作《富春山居图》。

终至无我境

面对富春江的山水之胜，黄公望在南楼开始创作纸本水墨画《富春山居图》。

皈依道门，也阅尽人情冷暖，历经了人生起起伏伏之后，黄公望留给世人的最后一幅画作，正是《富春山居图》。

此作品历时七年方成。画高一尺余，长约二丈。它以长卷的形式，描绘了富春江两岸初秋的秀丽景色。

空山隐 HANGZHOU

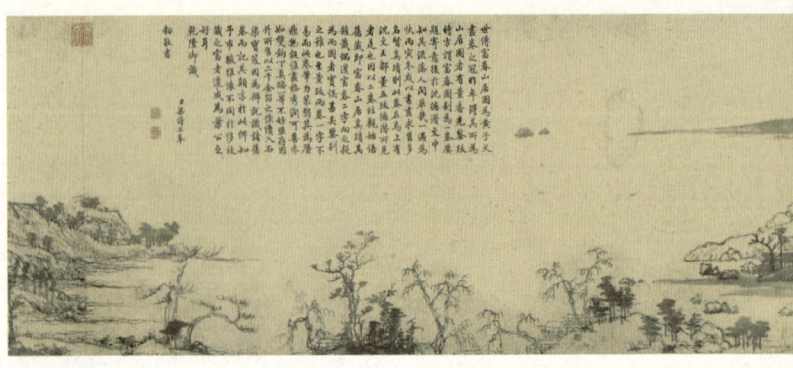

《富春山居图》（无用师卷）

第七章 黄公望：人生从来没有弯路

自桐庐至富阳一段富春江水路长约五十公里，黄公望在《富春山居图》中几乎尽显两岸风光。起笔始于峰峦突起，收墨淡于一方阔水。其中又有叠嶂起伏婉转迂回之势，仿佛黄公望的一生际遇隐现其中。

全图用墨淡雅，山水布局疏密得当，墨色浓淡干湿并用，极富变化，把浩渺连绵的江南山水表现得淋漓尽致。此作被誉为"中国传统山水画的巅峰之作"。

尽管黄公望在隐居的晚年因画名显赫，但依然难脱尘世之累，不过与前半生的虚与周旋相比，到底自在多了。他以八十高龄，依然历游江南诸地，与众多文人墨客交游往来。与此同时，他在山水与艺术中获得了人生的超脱，渐至无我之境。

在《富春山居图》中，没有忧愤自怜的不平，也没有弃世绝俗的无奈，笔墨之间一派天高云淡、水阔滩静，其中尽是自然天真、宁静高远。

黄公望隐居于富春江一带山水之间，画画、游走，并于此处终老。富春山水如一幅长卷，慰藉人心。黄公望每天竹杖芒鞋，清晨出去，沿着富春江行走数十公里，风雨无阻。看到喜欢的风景，就坐下来画画。

隔一段时间，他给生活贫穷的樵夫一幅画，让他拿到市集上去卖，一幅画十两银子，比樵夫砍柴一年的收入还多。卖画所得的钱，全部都给村里人，他自己孑然一身，无所保留。此时，黄公望好像生命中除了画画之外，其他的都已不再重要。

在给无用师弟画的《富春山居图》中，黄公望留下一段跋，说后世有巧取豪夺者，看到此画请先看题跋，

公望美术馆

知道此画的不易。黄公望写完题跋后还继续作画,直到过世前才完成。

黄公望逝世时八十六岁,据方志所载,其墓在县东北二十里庙山。

元代以后,历代书画家、收藏家、鉴赏家,乃至封建帝王权贵都对《富春山居图》推崇备至,以能目睹这件真迹为荣。在辗转流传的过程中,还引发出有趣的"富春疑案",弄得乾隆皇帝神魂颠倒,误判真伪;也曾因收藏家吴洪裕的珍爱而遭焚烧毁容之灾。

从火盆中抢救出来的《富春山居图》已断为两截,《剩山图》现藏于浙江省博物馆,《无用师卷》现藏于台北故宫博物院。

如今,在杭州市富阳区东吴文化公园西侧,北倚鹿山,面朝富春江,依山傍水的位置,有一座"公望美术馆";

还有一座黄公望村，仿佛提示着众人，这里便是黄公望大师的隐居之地。

参考文献

1. 谢波：《画纸上的道境：黄公望和他的富春山居图》，四川人民出版社，2018年。
2. 〔元〕黄公望：《黄公望集（绘图本）》，浙江人民美术出版社，2020年。
3. 浦仲诚著，沙沁绘：《黄公望传》，古吴轩出版社，2018年。
4. 浦仲诚：《黄公望续考》，广陵书社，2019年。
5. 陈履生：《黄公望绘画年表》，《中国书画》2010年第4期。
6. 刘仲宇：《道入乎艺，画载乎道：道士画家黄公望》，《中国道教》2020年第3期。
7. 胡晓明：《从严子陵到黄公望：富春江的文化意象——〈富春山居图〉的前传及其展开》，《华东师范大学学报（哲学社会科学版）》2016年第4期。
8. 卞冬仙：《"元四家"山水画的隐逸特征》，《镇江高专学报》2014年第1期。

第八章

张雨：书无定式，一代书家

张雨习书悟性极高，他从赵孟頫入手又不被束缚，变赵氏的雍容平和为神逸俊朗，极具个人风格。作品流露出隐逸文人清虚雅逸、孤傲不群的气息。从人生到艺术，有一万种可能，勇于突破定式的人都值得被尊敬。有人评价他的书法：「飘飘自然有一种仙气，信非沉俗中人也。」

他本是世家子弟，二十岁时弃家入道，居茅山。一生致力学书，初学赵孟頫，又在赵老师指点下上追李邕，旁涉怀素、米芾，书艺臻于精妙，倪瓒评谓"本朝道品第一"。

到六十岁时，脱去道袍，埋葬冠剑，还其儒身，隐居杭州，之后受杨维桢影响，思想与生活发生了巨大变化，沉溺酒色，寻欢作乐，晚年的诗风、书风与人生都为之一变，纵情恣肆，酣畅淋漓……

生无定式，书无定式。出乃由心，隐也由心。他这一辈子，享受的是心性的自由，也是艺术的自由。在自由的探索之中，他把自己活成了非同常人的传奇。

此乃何许人也？

张雨。

入道学书

张雨（1283—1350），是元代著名诗文家、词曲家、书画家，也是茅山派道士。

张雨是钱塘人，旧名张泽之，又名张嗣真，字伯雨，道号贞居子，又号句曲外史。此人多才多艺、博闻强识，诗文、书画、鉴赏无不涉猎，且皆有所精妙，其画工木石，用笔温润古雅，其书跌宕爽健、风神兼备，颇有晋唐人风韵。

张雨可是世家子弟。据说张雨的六世祖张九成是南宋绍兴年间状元，封崇国公。祖父张逢源也是做官的，当到了奉议郎、漳州通判。逢源生肖孙，肖孙生雨。

张雨有弟二人，唯独张雨十分好学，工于文章，娶妻后，生一男二女。

但张雨性格狷介，常藐视世俗，不随人俯仰。二十岁时，在家境那么好的情况下，居然抛妻弃子，入普福观，戴黄冠为道士。此后遍游江南清丽地，登临天台、括苍诸多名山。

三十岁，登茅山（即句曲山，在江苏句容县东南）。受《上清大洞经箓》之后，"豁若有所悟，遂复出群道士表。道士见雨颜色皆敛，而雨神益完，貌益固，虽其师亦莫能测也"。

这时候的张雨，一心朝着内心的方向去，颇有一点不管不顾的意味。

张雨所处的元代，是一个极具特殊意义的时代，是我国第一个由少数民族建立并统治全国的朝代。"外族入主中原"和"社会等级森严"的阴霾，笼罩整个社会近百年，使得这个时代下的文人，多多少少有种难解的心结。

元代疆域版图扩大，经济繁荣，各民族音乐文化语言的交流与融合，催生了新体诗元曲的诞生。不过在那个年代，朝堂不设科举，许多文人无法一展抱负，只能留恋青楼雅舍。

元代统治者把人群分为十等：一官、二吏、三僧、四道、五医、六工、七猎、八民、九儒、十丐。儒生地位极低，这也导致文人们寻找不到施展抱负的出路，很多人只好归隐山林，同时通过这种方式表达自己对统治者的不满。

放眼一望，当时的文人有的混迹市井，有的归隐山林，有的委曲求全，有的放浪形骸，各有各的活法。张雨二十岁入道，学道认真、刻苦、努力。他听说江浙地方有一位周大静道长，是上清四十三代宗师许道杞的弟子，立即不顾路遥，前往拜师，得以"悉受其教"；又到杭州开元宫，跟从王寿衍真人正式入道，获"嗣真"道名。三十岁登茅山之后，受《上清大洞经箓》，精神找到了寄托。他为自己树立了一个榜样——"每以陶弘景期之"。

陶弘景是南朝人。他十岁读葛洪《神仙传》，就有养生之志。后勤奋好学，读书万余卷，长于阴阳五行、风角星算、山川地理、方图产物、医术本草，兼通琴棋书画。齐武帝永明十年（492），隐居茅山（即句容句曲山）。梁武帝礼聘不出，每遇朝廷大事，梁武帝就来咨询陶弘景，时人称陶弘景为"山中宰相"。

既以陶弘景为榜样，陶弘景依据茅山中的华阳洞取号"华阳居士"，张雨自然也要取一个道号。茅山古称句曲山，张雨则以"句曲"取号，自号"句曲外史"。陶弘景博闻强识，精通各种学术，张雨也要术业有专攻才是。

道教将研习诗书画作为修身养性之法，张雨在这几方面都下足了苦功。

张雨一直仰慕赵孟頫。他在杭州见到了赵孟頫，于是从其学书，后在赵氏指点下上追李邕，并旁涉怀素、米芾。张雨习书悟性极高，他从赵孟頫入手又不被束缚，变赵氏的雍容平和为神逸俊朗，极具个人风格，作品流露出隐逸文人清虚雅逸、孤傲不群的气息。有人评价他的书法："飘飘自然有一种仙气，信非沉俗中人也。"

交友广阔

张雨有一个好朋友——倪瓒。

张雨比倪瓒年长近二十岁，在元中后期的浙西文坛以及道界享有响亮的声誉，也是倪瓒最为敬仰之人。在倪瓒的文集中，张雨是与之诗文往来最多的人物之一。

张雨曾跟随杭州开元宫王溪月（寿衍）真人，一起入觐京师。陶宗仪《辍耕录》详细记录了此事：

道士张伯雨……尝从王溪月真人入京。初，燕地未有梅花，吴闲闲宗师全节时为嗣师，新从江南移至，护以穹庐，扁曰漱芳亭。伯雨偶造其所，恍若与西湖故人遇，徘徊既久，不觉熟寝于中。真人终日不见伯雨，深以为忧，意其出外迷失街道也。梦觉，日已暮矣，归道所由，嗣师笑曰："伯雨素有诗名，宜作诗以赎过。"伯雨遂赋长诗，有"风沙不惮五千里，将身跳入仙人壶"之句。嗣师大喜，送翰林集贤尝所往来者袁学士伯长、谢博士敬德、马御史伯庸、吴助教养浩、虞修撰伯生和之。

在元朝时，儒学不兴，道教昌盛。道教的上层人物，在当时地位挺高，要不然王真人怎么能带着张雨前往京师面圣呢？这样一来，张雨在京师又多了不少人脉资源，声名鹊起，皇帝也对他另眼相看，他也有机会接触当时诗、书、画各界名流，既增长了见识，又对他以后的艺术道路起到了很大的促进作用。当时他还拜在虞集门下。从《辍耕录》的上述记录可以看出，张雨为人洒脱，不拘小节，想睡觉就睡觉，想作诗就作诗，的确十分自在。由此也可以看出，道教给了张雨相当大的精神自由。

张雨结交的名士甚多，与元代中后期的诗坛著名人物几乎都有交游的经历。有人统计，其交游对象多达298位。倪瓒曾与虞集、萨都剌、郑元祐、杨维桢等江南名士交往甚密，经常参加文人雅集，而张雨则是他们这个交游圈中最为炙手可热的人物之一，作为大约与曹知白、黄公望同一时代的张雨，可以说是有元一代江南文人交游的核心人物。

张雨与倪瓒的交往中，还有一个故事：

> 茅山羽士张伯雨时来谒，舟甫至，闻报，即使二童子邀于水次，及中途，又遣二童子迎候，及门，又遣二童子出肃，云林久之始出，礼意甚恭。伯雨以其久不出，有难色，询知，沐浴更衣，为敬己设，遂与定交。

两人初次见面，倪瓒为表敬重，"沐浴更衣"时间实在太久，引起张雨疑惑。当知道了事情原委之后，张雨深受感动，这也奠定了两人日后成为知音的基础。

实际上，这两人惺惺相惜。倪瓒无论是艺文的成熟还是交游面的扩大，都受到张雨的影响。而二人的结识，则缘于其兄倪文光的引荐，倪文光亦为浙西"知名"的道教人物，彼此的接触是顺理成章的。

书法大家

张雨的一生，充满着变数和机遇。

从人生到艺术，有一万种可能，勇于突破定式的人都值得被尊敬。

张雨进京时十分荣光，受到皇帝的另眼相看。但他并未贪恋这样的生活，找了个理由，告诉皇帝自己父母年纪大了，需要回家照顾，谢绝好意而辞归杭州。回杭州后，他在西湖的福真观任住持。父亲去世后，他守墓三年，之后又一如既往地去当道士，再入茅山之中。

到了六十岁时，他为母亲上坟而告归，此后不再去往茅山。他将自己穿戴的道装衣冠和作法的宝剑，葬于家室之南山，表示辞别宫观中道士做科仪的教务。此后，他仿佛达至自由的艺术境界，每天只是饮酒赋诗，或时常往来于三吴，与杨维桢、黄公望、倪瓒、俞和等文士交游酬唱。

张雨晚年，受杨维桢影响，思想与生活发生了巨大变化。如果说之前的道教对于他还有些许约束的话，脱离道教则让他仿佛回到天人之境。据记载，张雨晚年更加自由狂放，贪图"一刻春无价"，沉溺酒色，寻欢作乐，晚年的诗风、书风与生活作风，都朝着放纵、恣肆的方向发展。从他存世的书迹《山居即事诗帖》《登南峰绝顶诗草书轴》《杂诗卷》中，都可以看出张雨书法中狂放激越的一面。其中，超乎寻常的虚实变化、疏密聚散、激越跳荡，呈现出张雨孤傲不群的卓然个性。

杨维桢，绍兴诸暨人，自幼在父亲杨宏指导下学习儒家经典。三十一岁时，到杭州参加江浙行省乡试，其间造访了杭州开元宫，在住持王寿衍真人处饮酒。再后来，杨维桢被官场视为异类，复职之事遥遥无期，生计无着，便在杭州教学为生。当他再次踏入杭州开元宫，王真人已经去世，主持宫务的正是张雨。两人遂结为好友，经常在一起作诗饮酒，谈书论艺。

在许多方面，张雨都堪称杨维桢最重要的友人之一。诗方面，二人在西湖频繁唱和，相互切磋，留下了很多诗篇。书法方面，两人经常挥毫泼墨，张雨晚年的狂书，与杨维桢的书风相互影响。张雨把自己晚年的字称为"狂书"，把杨维桢的字称为"奇字"。张雨长于杨维桢，名望也高于杨维桢，所以杨维桢与张雨，说到底还是相互的影响。

至正十年（1350）的夏天，张雨在吴门活动，不久返回杭州，然而未至中秋，他就一病不起，后逝于杭州开元宫，葬于南山灵石坞。杨维桢时在松江璜溪，闻此噩耗，作诗悼之，次年，亲去坟头拜奠。

后世人们常把张雨视作"隐士书家"。其实每个朝代，都有"隐士书家"。这个群体有一个共同点，就是思想上追求个性解放，同时在艺术上也有所观照，书法作品中更容易迸发出反传统、超凡脱俗的火花。

元代的"隐士书家"群体，以杨维桢、吴镇、张雨等为代表，但与杨维桢的粗头乱服、吴镇的高逸拔俗不同，张雨的书法有着特有的孤傲不驯，另一方面又极其深入

第八章 张雨：书无定式，一代书家

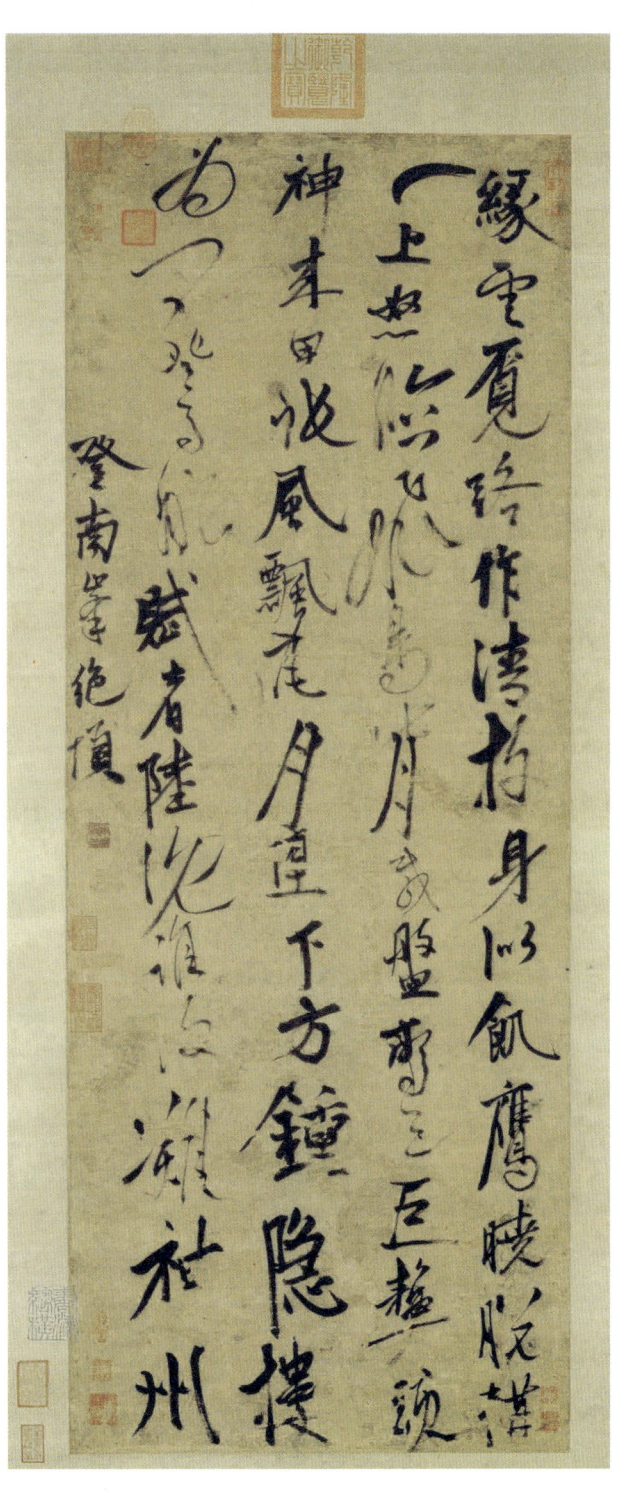

张雨《登南峰绝顶》诗轴

晋唐传统，表现出良好的专业素养和超迈气格。

后来还有一位无名僧人，留下一首诗《赠张伯雨》，诗曰：

久闻方外有神仙，只住华阳古洞天。
花径不曾缘客扫，石床今许借僧眠。
穿云去汲烧丹井，带雨来耕种玉田。
一自茅君成道后，几人骑鹤下苍烟。

如今，在西湖的三台山东麓、浴鹄湾最南边，还有一座黄篾楼。据说这黄篾楼，正是张雨在西湖的隐居之地。

参考文献

1.〔元〕张雨撰，彭万隆点校：《张雨集》，浙江古籍出版社，2015年。

2. 白艳波：《元代道士诗人张雨研究综述》，《齐齐哈尔大学学报》2017年第11期。

3. 王亚伟：《元代道士张雨研究述论——兼谈对元代道教研究的一些启示》，《徐州工程学院学报》2017年第5期。

4. 丁雪艳：《张雨与元诗四大家交游考述》，《滨州学院学报》2011年第4期。

第九章

冯梦祯：人生当进则进，当退则退

十七岁考中秀才，后来官至国子监祭酒，却以闲为乐，以退为最高境界。在冯梦祯那里，人生可以很洒脱。何官不可止，何时不可止。出则尽心尽力尽责，把官做好，这是一份责任；退则安享湖山之乐，把日子过好，这是大自在。

冯梦祯少年出名，十七岁考中秀才，后来因性格洒脱疏放，屡次在官场被人弹劾，仕途并不是一帆风顺，但他仍然一直做到了国子监祭酒的职位。

在人生的不同阶段，有不同的追求。当进则进，当退则退，不同的阶段都有理想，都有事做，内心都很丰富，这就是最好的人生安排。

求归得归

冯梦祯又一次被人弹劾了。

得知消息的时候，冯梦祯正在国子监馆中饮酒作诗，有同僚求见，旋即告知他被人弹劾的消息。提出弹劾的人是南京刑部主事欧阳东凤。

欧阳东凤曾在江苏兴化任知县，后进入京城刑部任职，擢升刑部郎中。冯梦祯当时在南京任国子监祭酒。国子监是明朝的国家最高学府了，出任祭酒，冯梦祯可谓尽心尽力，做了不少事情。他当时的举业文字以及道德声望，都让人敬仰，很多学生拜访问学；他又出台措施，优待士人，教导诸生，校刻经史，大受士子们的称道。

欧阳东凤与他并无夙怨，恐怕只是个性使然。两广总督陈大科，也是朝廷重臣，陈"毁家募勇"想振兴大明王朝之威风，但他个性也有点骄横自负，便被欧阳东凤参了一本，说陈大科抗倭保民多有失误，应受责罚。欧阳东凤因为敢于直言忠诤，使得朝野上下一片侧目。

得知被欧阳东凤参了一本，冯梦祯一愣，又问对方弹劾的理由是什么，说是参奏他"贪污淫荡"，冯梦祯忍不住哈哈大笑。

其实欧阳东凤根本不知道，冯梦祯早就有了隐退之心，正愁没有好理由上疏告归呢。

三年前的正月初一，冯梦祯就被人弹劾过一次，也是莫须有的罪名。皇上断以"理由含糊不明"，驳回了对方的弹劾。冯梦祯随即上疏，陈明事实，表明心迹，并且请求恩准告归。

他早就想回杭州，在西湖边退隐，饮酒品茗，填词作赋，岂不逍遥哉。

但是三个月过去了，他的请归未获恩准。不仅没有恩准，到了八月十八日，他又收到邸报，得知自己转任南京国子监祭酒。

被人弹劾，官位却不降反升，足以证明他的清白。冯梦祯也知道，出任祭酒，是自己仕途的巅峰了。用他的话说，年近五十，官至师儒四品，也是应该知足了，还有什么需要贪图的呢？到了这把年纪，对于官场上的尔虞我诈、明枪暗箭，他早就明了，也早就厌倦。他自己为官端直有持，主于气节，性格上洒脱疏放，有时也不拘小节，是故在朝时屡遭忌排。加之又有家庭或健康方面的其他原因，冯梦祯非常希望能闲置里居，无心出仕，更无心参与那些争权夺利的事情。

这一次，得知又被人弹劾，他大喜过望，顺势上奏一封辩书，同时引咎辞职，请求退归。

这封奏疏，也在皇上那里压了几个月。

直到1598这一年的农历八月，终于得到恩准，解职祭酒，冯梦祯欣然回籍。

对别人来说是失意，甚至是耻辱，但对于冯梦祯来说，求归得归，无异于大喜之事。他在日记中写：

> 午后，许敬翁来，已见小报，余得部覆，奉旨某着回籍听勘。敬翁慰存倍至，为道两度被谪时事，意良厚，谈逾时而去。余求归得归，未为不可，况得中秋还乡，尤快事也。

快事也！

人生为什么要那么纠结，其实也可以很洒脱的啊！何官不可止？何时不可止？出则尽心尽力尽责，把官做好，这是一份责任；退则安享湖山之乐，把日子过好，这是大自在。

冯梦祯早就想明白了。

西湖的三面湖山在等着他归去，他早就盼着这一天了。

出仕之路

冯梦祯（1548—1606），字开之，号具区，又号真实居士，浙江秀水（今嘉兴）人，晚明的知名文学家、收藏家与佛教居士。冯家一直是平民家庭，一直到冯梦祯这一辈都没有人做过什么高官。冯梦祯的曾祖父凭着自己的勤劳肯干，慢慢地积累了一些家业，置起若干房产。

查钱谦益在《南京国子监祭酒冯公墓志铭》上说："公讳梦祯，字开之，姓冯氏，其先高邮人也。国初徙嘉兴之秀水，以沤麻起富至巨万。祖、父皆不知书，怜公少惠，试遣就塾，暮归吟讽不辍。王母惜膏火，呵止之，引被障窗疏，帷灯至旦，其专勤如此……"

这里说到，冯梦祯自小聪明过人，很是喜欢读书，读书至夜深也不知疲倦。他的祖母爱惜灯油，不许他点灯夜读，他就想了一个办法，晚上用衣被遮住窗户，不

〔明〕戴进《月下泊舟图》

让光线透出去，以此逃避祖母的"监管"。冯梦祯这样小小年纪，其专心勤奋如此。此后，冯梦祯果然才华显露，并得到家族许多人的期许，认为冯家要出人才了。

到了十七岁时，冯梦祯果然考中秀才，这让整个家族的人欢欣鼓舞。冯梦祯也没有让大家失望，1566 年举乡荐，1577 年会试第一，殿试二甲第三。冯梦祯为这个勤劳朴素的手艺人家族带来了荣光。

作为一个读书人，要想出人头地、改变命运，那时唯一的道路就是参加科举考试。冯梦祯的出身与家境，比很多贫穷书生稍好一些，但他也时常遇到艰辛困顿的时候。1566 年农历二月，冯梦祯成婚，八月二十一日仲祖父去世，九月十一日亲母病逝，十月二十四日仲祖母离世。三个月内，三位亲人相继去世，这种巨大的精神打击，是对一个人精神意志的重大考验。精神上的打击之外，他的经济境况也更为窘迫，最困难的时候，他把妻子的簪子都拿去变卖了。即便在这样的时候，他也不废学业，继续努力。

王国维说："天以百凶成就一词人。"古今多少人，都是在磨难当中成长起来的。磨难才能让一个人的心智成熟、精神成长，才能让一个人去真正思考人在世间存在的意义。在冯梦祯的心里，也一心想要通过科举，中举人、中进士，能有一番大作为，也能通过考试做官出人头地。

1570 年，冯梦祯乡试中举，次年春赴京师参加会试。这次他没考好。但是，去往京师的这一路风光见闻，又结交四方学士，领略文物之美，使冯梦祯见识益广，视野大开。

冯梦祯又一次迎来生命中的沉重打击，他的妻子石氏生病去世，留下四岁幼女。1572年，冯梦祯二十五岁，续娶武林沈氏。因为非常贫困，拿不出什么可以作为聘礼，岳父辟出甥馆让他居住。即便如此，冯梦祯也是终日苦读，希望有所作为。

但遗憾的是，又一个春天到来，他去应试，结果依然是没有考中。冯梦祯十分失望，于是放弃继续考试，外出游历，受聘坐馆教书为业，以解决现实生计问题。

尽管屡试不第在明朝并不是什么奇耻大辱，但一个文人的自尊依然促使冯梦祯不断努力，他依然希望通过科举来实现自己的人生价值。后来，他有机会以落第举人的身份入南京国子监读书，并得到了同乡兼前辈黄洪宪的指导。

再一次会试，冯梦祯勇夺第一，高中进士。由此，他一下子声名大振，海内传写其文。"与同年生宣城沈君典、鄞屠长卿以文章意气相豪，纵酒悲歌，跌宕俯仰，声华籍甚，亦以此负狂简声。"（见钱谦益之文）1577年，在经历了漫长曲折的科举之路后，冯梦祯被选为庶吉士，入翰林院学习。入了翰林院，冯梦祯算是光宗耀祖，真正为冯家争了光。

官场水深

在当官这条路上，年轻耿直的冯梦祯还不解个中三昧，对于官场的潜规则和盘根错节的关系也体会不深，不免要触碰一些雷区。

这一年农历九月，当朝宰相张居正的父亲病逝，按照当时的礼制，张居正应该回乡奔丧。明朝是以孝治天

冯梦祯"退休"后到杭州西溪草堂办学

下，为官者父母死丧，都要丁忧二十七个月，期满之后再继续任职。张居正当时情况特殊，万历皇帝年纪尚小，需要辅佐，正在推行的新政也似乎离不开他。因此，万历皇帝要张居正"夺情"，即不必弃官，继续任职。（见李维桢《冯祭酒家传》）

此事一起，朝野上下，一片哗然。有些人出于政治原因，鼓动起一批人反对张居正"夺情"，因为正在推行的新政，很可能伤及他们的利益。如果张居正能够弃官丁忧，正符合他们的期待。万历皇帝因此大怒，认为他们欺君，态度更加强硬，参奏官员有的被杖责，有的被贬为庶民，有的被充军。

冯梦祯一介读书人，毕竟初涉官场，政治上还是显得单纯，只是出于读书人的义理，站在反对者一方。其同年、刑部观政进士邹元标，反对张居正甚是得力，三次上疏弹劾张居正,其言辞激烈,被廷杖后发配戍边。当时,冯梦祯孤身一人特意去郊外送别。别后,他又慷慨悲歌,题咏写诗多首,悲愤之情溢于言表,甚至于咯血。

冯梦祯如此种种的表现,让张居正很是不满,觉得他不是自己一方的人。1579年春,受到排挤的冯梦祯觉得不能再正面与张居正硬磕了,便想了个办法,以生病告归,跟父亲一起返回家乡。

1582年,冯梦祯还朝,被授以翰林院编修。

此时,冯梦祯还是欣慰的,也觉得从政一途仍充满希望。

冯梦祯同科榜眼,正是张居正的次子张嗣修。冯梦祯与其关系不好,这也使他的人生境遇,无意中又与张居正关联上了。有学者研究认为,冯梦祯仕途多艰,"去因张居正,留亦因张居正"。

1583年,冯梦祯父亲病逝,接讣告后,他匆匆回家奔丧丁忧。1586年结制,农历七月,冯梦祯从秀水故里移家武林,然后回京,在翰林院继续任职。

冯梦祯个性耿直率真,不愿曲意逢迎,加之初入仕途的稚嫩,很难在京城官场立足。这里头充斥着利益争斗、尔虞我诈。因为得罪人,1587年,冯梦祯因"浮躁"被降用,回到杭州闲居多年。

在此期间,他出游天目山、径山等地。从这年农历四月底起,冯梦祯开始记日记,一直持续到1605年农历六月。

一次又一次受到打击排挤，冯梦祯渐生退隐之心。在杭州家居四年之后，到1591年，朋友们在背后周旋，冯梦祯被重新起用，于农历四月补广德州判官。农历十月抵任所。这份工作很清闲，任期不长，游览当地名胜后，就假差归家了。

1593年农历八月，迁右春坊右谕德兼侍读，掌南翰林院印。官署僻静，事务甚少，身心两闲，门可罗雀。冯梦祯每日里焚香煮茗，山水诗书，闲中自乐，意颇安之。

他在《答同年卢名迻》中说：

南京官最闲者，以掌翰为首，弟幸得之。杜门科跣，卧凉风比户下，不减山林之乐。

虽说是步步高升，但实则多为闲职，有较多的自由支配时间，终日无事，品茶论诗，实在是大自在。而这种生活，正合冯梦祯的意。尽管仕途并非一帆风顺，但冯梦祯还是做到了南国子监祭酒的职位。在祭酒一任上，冯梦祯做了不少实事，也教了不少学生。

到1598年，如本文开头所述，冯梦祯被南京刑部主事欧阳东凤弹劾了。冯梦祯听说后笑了，"此代西湖移文趣我也"。上辩书一封，乞求归去。

他想好了，还是回到西湖边的孤山去吧，那里才有他想要的生活。

湖上岁月

冯梦祯要的是怎样的生活？

无非是远离人事倾轧、利益争夺，找到一个身心自在的地方，过一种放任旷达的生活。

尽管后来还有人帮他出力，为他昭雪受冤枉之事，董其昌等好友依然为冯梦祯谋求官职，吏部也有意重新起用他，但他去意已决："然我辈自可胸中度世，宁赖官爵？"

他要真正远离官场，回归山水之间了。

一个人的一生，都要经历一次又一次的奋进与努力，也要经历一次又一次的困境与阻碍。在人生的转折点，每个人都要经历艰难的抉择，选择什么，放弃什么，决定了每个人自己的人生道路。放弃和选择一样艰难。可以说，选择与放弃，是事物的一体两面。选择什么，就得放弃别的一些什么。

此时的冯梦祯，脚步坚定地回到了杭州。他在西湖边的孤山，开启了自己的又一幕隐居人生，直到 1606 年逝世。

万历二十五年（1597），冯梦祯以九十两银子的价格，在孤山的山脚和山腰各买了一块地，各建了一间房子。

冯梦祯在孤山造房子，并不是造园或是炫富，而是当作自己生活的一处落脚点。他在山脚的那一块地皮建了一所"晚研堂"，堂前庭中植几株梅花，东南有竹林，傍竹边界处还植有桑树；竹林西面植巨桐一株，下有池塘，种着荷花，远香盈盈；池子的西面种竹，竹边幽径通尼庵一所，称"慧业庵"。这个晚研堂并不临湖，借不到湖景，是典型的"幽居"而非"名园"。

在山腰上建的房子，他起了个名字叫"快雪堂"。他请当时的名士王稚登题写堂名。冯梦祯写过一篇《结庐孤山记》，其中说道："上梁于去年嘉平某日，时积雪初晴，命之曰'快雪堂'。取晋帖《快雪时晴》语。"这就说明，冯梦祯取这个名字，并不是因为他真的收藏了王羲之的著名书法作品《快雪时晴帖》，而是取作品之意象。

快雪堂位置较高，楼上、轩外都可以远眺湖山。"湖山窈窕，遂为几案间一物，阴晴寒暑，朝夕变幻，螭舫往来，青骢油壁，乍盈乍虚，皆入余游戏三昧中。"

造房子是一个漫长的过程，直到万历三十三年（1605）正月十一日，才算真正完成，"午时，上'快雪堂'额"。

湖上的岁月，是一种完全自适的意境，冯梦祯是很享受的。一亭一榭，楚楚动人，花晨月夕，鸟啼客散。在这里，冯梦祯独对四时风景，极目烟霞空谷，没有瞻前顾后的焦虑，也没有长吁短叹的忧愁，有的只是天开水阔，朝来闲云晚来风。

一直记录到1605年农历六月的《快雪堂日记》，留下了冯梦祯与友人结伴吟游西湖的诸多记录，几乎每月都有出游活动。他们在湖上观戏、赏荷、对饮。孤山结庐后，西湖便成了冯梦祯日夜相对、流连忘返的风景。

冯梦祯还置办了一艘船，花了三十金。这船就是一个浮在湖上的家。冯梦祯还买了四名歌姬，加上原有的歌姬一起，组成了一个家班。这个家班水平不一般，与别家歌伎比较时，冯梦祯时常流露得意之色，因为自家歌姬的表演出色而自豪。

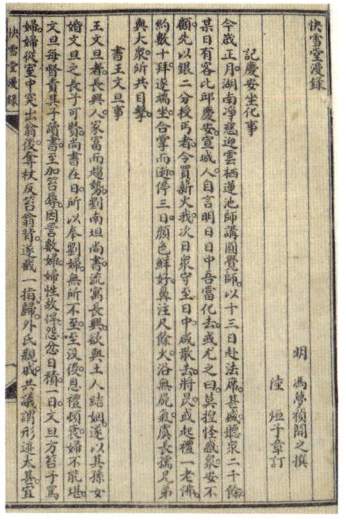

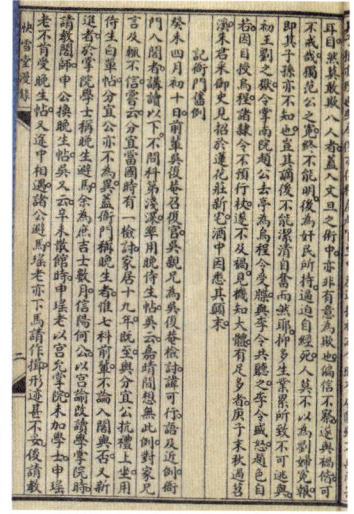

《快雪堂漫录》书影

  冯梦祯在船上贮书，载着歌姬，春花秋月，悠游西湖，据说小船划出去，有时候漂在湖上，一个月不返。这样的船在湖上，六桥三竺，云水之间，船儿到哪，歌声到哪，人望之直觉飘飘然若神仙也。"赋成神女云同艳，唱出新词雪与工"，真是逍遥极了。

  人生在不同的阶段，有不同的使命和不同的追求。一切都是最好的安排。

  退隐林下的冯梦祯，十分享受他晚年的快雪堂生活。焚香、泡茶、品泉、鸣琴、听鸟声、观卉木、识奇字、玩文石，玩出了晚明文人至真的理想境界。

  （万历十八年四月）初六，雨，夜始不闻雨声，稍寒。作《潘去华报书》。贮天落水烹茶。天落水虽不及梅水，亦堪烹茶。夜读《选·赋》。（《快雪堂日记》）

  冯梦祯为后世留下了《快雪堂集》六十四卷，其中

第九章　冯梦祯：人生当进则进，当退则退

日记十六卷。这是其故去十来年后，由其门生与知交好友在明万历四十四年（1616）合力结集出版的一部文集。

现在，当我们翻开《快雪堂日记》，在冯梦祯事无巨细的耐心记录中，可以读到一个万历年间文人归隐林泉的心路历程，也可以读到冯梦祯不断建构文人理想生活方式的过程。

有人评价，《快雪堂日记》既是冯梦祯在万历年间"点滴甘露，锯屑寒玉"的私人记录史，又称得上是一卷"随事漫识，不避浅俗"的晚明江南文人生活浮世绘。

参考文献

1.〔明〕冯梦祯撰，王启元校注：《快雪堂日记校注》，上海人民出版社，2019年。

2. 邹定霞：《冯梦祯研究》，四川大学出版社，2018年。

3. 王晨燕：《晚明士人的闲隐生活初探——以冯梦祯的杭城生活为例》，《文化学刊》2018年第5期。

4. 魏红艳：《冯梦祯研究》，博士学位论文，浙江大学中国古代文学专业，2014年。

5. 黄媛、查庆玲：《从〈快雪堂日记〉浅析冯梦祯思想》，《黑龙江史志》2013年第23期。

第十章

高濂：四时幽赏录

这个曾在北京任鸿胪寺官，后来回到杭州隐居西湖的晚明文人，把他的四季时光消磨在了湖光山色之中。他所创造的西湖四季生活美学，至今仍被人津津乐道，并且成了西湖深度游玩的经典手册。

关于高濂的生平，能找到的资料很少。

但是杭州人经常提起他，尤其是热爱西湖的人，一年到头，春夏秋冬，一想起要去西湖游玩，就会想到高濂——想到高濂若在这个时节去西湖，会去哪个角落游玩，又会用什么样的方式游玩。

这个曾在北京任鸿胪寺官，后来回到杭州隐居西湖的晚明文人，把他的四季时光消磨在了湖光山色之中。他所创造的西湖四季生活美学，至今仍被人津津乐道，并且成了西湖深度游玩的经典手册。

一个家族的厚望

高濂是明代的戏曲家、著名藏书家。

关于他，我们知道得不是太多。高濂大约生于明嘉靖初年，创作活动主要在万历前期。明史中没有他的传，人们只知道他精通音律，"能度曲，每开樽宴客，按拍高歌以为娱乐"，"又尝聚邻人为说宋江故事"。

第十章 高濂：四时幽赏录

〔日〕野间三竹《四时幽赏录》

还知道他字深甫,号瑞南,钱塘(今浙江杭州)人。曾在北京鸿胪寺短暂任职,后来隐居西湖。

一些学者把高濂有所交往的同时代文人所记的只言片语连缀起来,通过研究,给出了一些线索。让我们重新回到起点,讲述高濂的一点故事。

高濂生于何时,史上没有明确记载。他在自己的《遵生八笺》卷十七《灵秘丹药笺》里的《延龄聚宝酒》一文中说到自己的服药经历,有学者据此推算他大约生于明嘉靖六年(1527)。

那是杭州城中一个经济殷实的家庭。一个后来叫高濂的男娃的呱呱落地,为整个家族带来巨大的欢乐。最开心的是高濂的父亲。他名应鹏,字云卿。高家的祖先,是在北宋末年随驾南迁来到杭州定居的。为了全家人的生计,高濂的父亲没有走科举之路,而是经商去了。毕竟,他很务实地知道,要把整个家族维护好,没有一定的经济基础是不行的。

经过十余年的苦心经营,高家逐渐富裕起来。高濂父亲的心血没有白费。但是在那个年代,做一个商人,在社会上的地位并不高,也很难得到上层社会的认同。致富之后的高应鹏,通过出资捐官的方式,到南京当官去了。他在南京任龙江关提举,为期三年,后来又迁山西忻州判官,但是时间不长,不逾月即告归。

高濂出生后,高应鹏把出人头地的期望寄托到了孩子身上。他希望这个儿子将来能为高家带来荣耀。几乎是在孩子出生的那一刻起,他就有了一个宏伟的计划,为儿子建一座藏书室。

藏书室后来成了高濂整个童年和少年时期流连最多的地方。那里收罗了大量古书，都是他父亲从全国各地搜集而来的。这在当时并不容易，除了要有一定的经济基础，还要有相当的眼光与广泛的交游。父亲想要培养儿子的文化素养，他的心愿没有落空，高濂成长起来，很快以博学和富有才情闻名远近。同时，藏书室还有大量的古董珍玩，在长时间的耳濡目染、朝夕相处之中，高濂养成了极高的鉴赏眼光。

高濂的父亲希望他早日考取功名，达成光宗耀祖的目标。令人意外的是，高濂考了很多次，都没有成功。这不得不说让高濂的父亲有些失望。在高濂生活的晚明时代，一个知识分子最好的道路就是去做官，所有的才华都是为这条道路而准备的。高濂的确很有才华，他能作诗填词，散曲也写得很好，戏曲创作上的才华已经崭露头角，但是没有通过科举应试获取功名，的确是令人

京剧《玉簪记》剧照

遗憾的。

隆庆四年（1570），高濂四十四岁，正值盛年的他经历了双重打击，先是秋试再一次失利，然后是丧妻之痛。也就是在这一年，高濂创作完成了《玉簪记》传奇。

《玉簪记》描写女道士陈妙常与潘必正的爱情故事，故事素材来源于《古今女史》。这一部戏的剧情是：南宋时，陈娇莲与母亲避金兵之乱，途中走散，娇莲入金陵城外女真观为道士，法名妙常。观主之侄潘必正应试落第，不愿回乡，也寄居观内。一日，妙常趁月明弹琴，潘生循琴声来访。潘生奏《雉朝飞》，妙常奏《广寒游》，情意愈合，潘生遂以情挑，妙常以礼相拒。又一日，妙常在屋中假寐，潘生来访，在书桌上得妙常题的情诗，遂互明心愿。一夜，潘生赴约会途中，被姑母训诫，姑母又逼他早日赴试，并亲送至江畔。妙常私雇小舟，追赶上潘生，以玉簪相赠，潘生酬以鸳鸯扇坠，二人相泣而别。后潘生及第授官，二人得以成婚。全剧共三十四出。

妻子过世后，高濂也写了不少悼念之作，其中写到新婚时的幸福，写到妻子故去后的凄苦心情。功名无望，妻子又逝去，这种人生的打击对于高濂的影响巨大。他内心孤苦异常，无以排解，唯有把一腔愁绪寄托在写戏、作诗填词上。他写了一首《风入松·对酒》：

> 仰天把酒更高歌，愁奈余何。生平不断天涯梦，如今无复南柯。何事朱门霄汉，且看茅屋藤萝。
> 世情无地不风波，休怨蹉跎。乾坤惯妒英雄客，常时草草消磨。况是生年有限，到头占地无多。

这首词里，有无奈，有痛苦，有迷茫，有彷徨。在这段时间之后，高濂心中已悄然萌生退隐之意，他开始思考人生的终极问题，遂决定放弃科举，回乡闲居。

隆庆五年（1571），高濂创作完成了《节孝记》传奇剧。《节孝记》也是高濂重要的戏剧作品，分上下两卷，包括两个剧本，上卷《赋归记》写陶渊明辞官归隐的节操，下卷《陈情记》写李密侍奉祖母的孝道。

高濂的父亲高应鹏，比高濂更执着于功名，似乎他那辈子没有完成的理想，一定要在儿子身上实现。正因了父命难违，后来高濂也走了"赀选"这一条道，希望捐一个官位。

万历二年（1574），高濂尚在鸿胪寺待缺。这年底，高父去世。高濂得知后，乞求汪道昆为父写了墓志铭，而后匆忙南归故里。

回到杭州的高濂，处理完一应家事之后，开始真正决意归隐。

一个人的西湖

失去了父亲的高濂恐怕已知道，此后的人生之路都将由自己独自面对和选择了。

此后，高濂隐居在西湖边，把他最美好的人生时光都消磨在了湖光山色之中，写下了《四时幽赏录》。高濂在苏堤的别墅，名为"浮生燕垒"，他以燕自喻。

对于晚明时期的文人来说，对自然山水的赏玩，不只是单纯的游玩那么简单，而是一种生命和生活的综合性艺术审美活动。

高濂尤其推崇以"幽赏"的方式来亲近西湖，观察四季景物。高濂有很多种方式，是一般的世俗中人无法想到的，即用心去体会人与自然、景物之间的关系，独辟蹊径地完成人与自然山水之间的对话。这种对话关系，需要有较高的艺术修养和超凡脱俗的眼光才能完成。

在西湖边隐居的高濂，用自己的眼光去发现西湖的美，并且按照时节的不同进行记录书写。在万历八年（1580），五十四岁的高濂创作完成了《四时幽赏录》。

这本书就是高濂对于自己西湖游玩经验的深度总结，他提供出西湖在春夏秋冬四个季节各十二种别具趣味的幽赏活动方案，共计四十八事。可以说这些事并非当时西湖游赏的全部内容，但显然每一个都是高濂经过独具匠心的筛选、亲身实地的体验后得来的，因此带上了高濂强烈的个人主观色彩；也正因此，这样的四十八事也有了独到的气质与生命力。

"高子曰：山人癖好四时幽赏，境趣颇真。即在武林，可举数事，录与同调共之。但幽赏真境，遍寰宇间不可穷尽，奈好之者不真，故每人负幽赏，非真境负人。"在高濂看来，赏景这一审美过程的完成，是景对人的要求，而非人对景的简单行为。"我辈能以高朗襟期，旷达意兴，超尘脱俗，迥具天眼，揽景会心，便得妙观真趣。况幽赏事事，取之无禁，用之不竭，举足可得，终日可观，梦想神游，吾将永矢勿谖矣。果何乐可能胜哉？未尽种种，当以类见。"

西湖春时幽赏，如《虎跑泉试新茶》，高濂说：

西湖之泉，以虎跑为最；两山之茶，以龙井为佳。谷雨前采茶旋焙，时激虎跑泉烹享，香清味冽，凉沁诗牌。每春当高卧山中，沉酣新茗一月。

西湖夏时幽赏，如《三生石谈月》：

> 中竺后山，鼎分三石，居然可坐，传为泽公三生遗迹。山僻景幽，云深境寂，松阴树色，蔽日张空，人罕游赏。炎天月夜，煮茗烹泉，与禅僧诗友，分席相对，觅句赓歌，谈禅说偈。满空孤月，露浥清辉，四野清风，树分凉影。岂俨人在冰壶？直欲谈空玉宇，寥寥岩壑，境是仙都最胜处矣。忽听山头鹤唳，溪上云生，便欲驾我仙去，俗抱尘心，萧然冰释。恐朝来去此，是即再生五浊欲界。

西湖秋时幽景，如《胜果寺月岩望月》，高濂记之：

> 胜果寺左，山有石壁削立，中穿一窦，圆若镜然。中秋月满，与隙相射，自窦中望之，光如合璧。秋时当与诗朋酒友赓和清赏，更听万壑江声，满空海色，自得一种世外玩月意味。左为故宋御教场，亲军护卫之所，大内要地，今作荒凉僻境矣。何如镜隙，阴晴常满，万古不亏，区区兴废，尽入此石目中，人世搬弄，窃为冷眼偷笑。

西湖冬时幽赏，如《山窗听雪敲竹》，在高濂笔下也自有一种叫人神往的意境：

> 飞雪有声，惟在竹间最雅，山窗寒夜，时听雪洒竹林，淅沥萧萧，连翩瑟瑟，声韵悠然，逸我清听。忽尔回风交急，折竹一声，使我寒毡增冷。暗想金屋人欢，玉笙声醉，恐此非尔所欢。

以上种种，全今为热爱西湖之人所推崇。许多人甚至认为，只有高濂这样的幽赏，才能真正领略西湖的美好。这是一个人眼中的西湖，也是一个人心中的西湖。

西湖之美是无穷尽的，高濂的四十八事，并没有把西湖写完。但是高濂的创举，使得无数人都可以效仿，可以受到启发，从而去探寻西湖之美。

这一份极为独特的西湖游赏指南，更多的是在向人传授一种山水自然的审美方式，一种与生活四季相连接的、于细微之处见真趣的态度。

正如明末文学家王思任在《游杭州诸胜记》里说的那样："西湖之妙，山光水影，明媚相涵，图画天开，镜花自照，四时皆宜也。"

其实早在南宋时期，西湖景物就已频繁出现在各种文献中，如《咸淳临安志》《梦粱录》《武林旧事》等，但关于景物的描写，往往只是书中的一个篇章。到了明代，还出现了记述西湖的专著，嘉靖年间田汝成的《西湖游览志》和《西湖游览志余》，为西湖专著之滥觞。《西湖游览志》依地域进行编排，其后书籍亦多沿袭。相较之下，高濂的《四时幽赏录》虽内容简短，但每一则都匠心独具，且以四季为序一一写来，很有一番情趣。

在完成《四时幽赏录》十年之后，高濂又完成了十九卷六十余万字的《遵生八笺》。在这部书的《四时调摄笺》里，以"高子幽赏"的形式分季节插入了《四时幽赏录》的内容。由此可见，《四时幽赏录》是先于《遵生八笺》完成的，而非从《遵生八笺》中摘出的单行本。

高濂在西湖边，自建了一处别业，即"山满楼"，此楼位于苏堤的跨虹桥东侧。他在《山满楼观柳》中提到此楼，且每次出游，都会在山满楼居住。这个楼为高濂遍览湖山风光提供了便利，这里既是高濂出游的落脚点，也是出游的起点。他在《四时幽赏录》中也多次提到山满楼周边的景色。

一座藏书的阁楼

高濂在戏曲、创作之外，还有一个重要的人生爱好，那就是藏书。

他的"山满楼"又名"妙赏楼"，正是一座藏书楼。高濂的藏书极为丰富，经史子集、百家九流、诗文传记、稗野杂著，兼收并蓄，其中颇多医书。他被黄丕烈誉为"明中叶大藏书家"。

高濂对于藏书的热爱，很显然是从他的父亲那里传承来的。他自小在书堆里长大，博闻强识，才华横溢，一辈子热爱阅读。高濂曾感叹："家素者，无资以蓄书；家丰者，性不喜见书。"这真可令人一笑，似乎古今都有此相似的现象。而高濂也对一些附庸风雅的藏书者提出批评，如"不乐读诵，务得善本，绫绮装饰，置之华斋，以具观美"，收藏书只是收藏书，并不能真正感受阅读的美妙，以至于那些书只是"尘积盈寸，经年不识主人一面"，真是亏待了书们。

高濂自己对于书的热爱，既体现在广为搜罗、勤加收藏上，也体现在善读善用上，他在大量阅读的基础上，编著、创作出更多的作品来。他的戏曲创作、小品文创作等都受益于此。因此，他对于藏书真正做到藏之、爱之、用之，"类聚门分，时乎开函摊几，俾长日深更，沉潜玩索，恍对圣贤面谈，千古悦心快目，何乐可胜"。

譬如他在广泛收罗材料的基础上，于万历十九年（1591）刊刻的《遵生八笺》十九卷，是一部总结中国历代以来日常生活体验的集大成著作，涉及山川逸游、花鸟虫鱼、琴乐书画、笔墨纸砚、文物鉴赏等知识修养，具有较高的学术价值。

在这一部大著之中，也有谈论藏书的章节。在第六笺《燕闲清谈笺·论藏书》中，高濂谈及鉴别版本的方法，并揭露了明代书商伪造宋版书的种种手段，"将新刻模宋板书，特抄微黄厚实竹纸，或用川中茧纸，或用糊褙方帘绵纸，或用孩儿白鹿纸，筒卷用槌细细敲过，名之曰'刮'，以墨浸去臭味印成"，"或妆摩损，用砂石磨去一角，或作一二缺痕，以灯火燎去纸尾，仍用草烟熏黄，俨状古人残伤旧迹，或置蛀米柜中，令虫蚀作透漏蛀孔"。

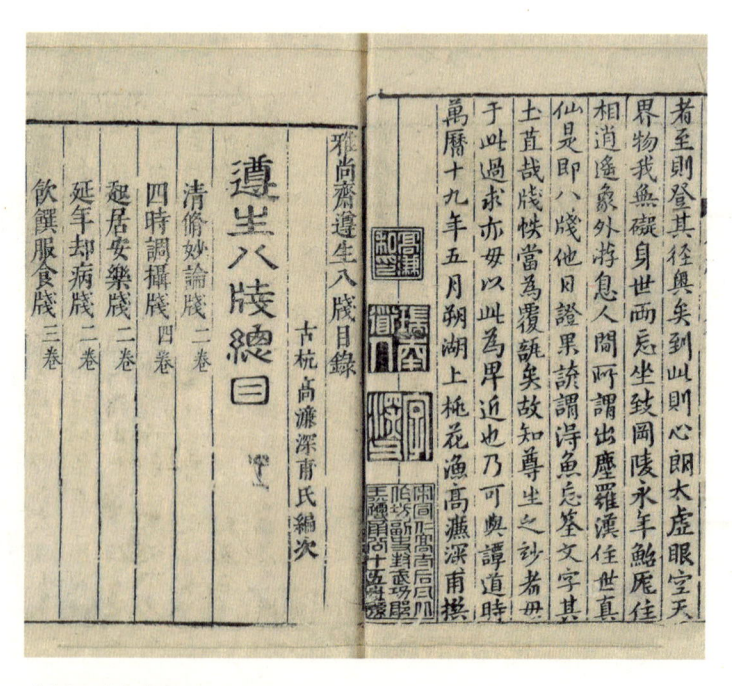

《遵生八笺》书影

高濂的藏书印，有"妙赏楼藏书""五岳贞形""高氏鉴定宋刻板书""武林高瑞南家藏书画印""武林高氏瑞南藏书画记""武林高深甫妙赏楼藏书""高丙家藏""古杭高氏藏书印"等。

高濂终于哪一年，也不详。冯梦祯在《快雪堂集》卷六十的万历三十一年（1603）二月十二日日记中，还记载他与高濂等人共赏桃花之事。

六年之后，李日华的《味水轩日记》里却只有在高濂之子高麟南那里借看书画的记载了。想来他已于万历三十一年后不久去世，估算年龄是八十余岁（《浙江文献丛考》说他卒年七十五）。

从某个角度来说，高濂是十分幸运的。

一个人，在短暂的一生当中，能找到自己热爱的事物并沉浸其中，享受它带来的乐趣，是无比恬然自得的人生状态。这个不曾在仕途上得意的文人，最终在戏曲、诗词、文艺、赏玩、藏书等各种事物上找到了热爱的依托，并付以一生的心血。以高濂为代表的中国文人，为后世创造了丰富的文艺生活美学，至今仍滋养着人们的精神世界。

参考文献

1.〔明〕高濂著，王大淳整理：《高濂集》，浙江古籍出版社，2015年。

2.〔明〕高濂著，王大淳点校：《遵生八笺》，浙江古籍出版社，2017年。

3. 李欣玉：《明代戏曲作家高濂研究》，硕士学位论文，山西师范大学戏剧与影视学专业，2018年。

4. 董兴宇：《高濂〈遵生八笺〉的生活美学研究》，硕士学位论文，上海师范大学文艺学专业，2019年。

第十一章 张岱：享乐主义者的后半生

这个享乐主义者的后半生，从未停止书写。他写下史书巨著《石匮书》，写下梦境一般的《陶庵梦忆》和《西湖梦寻》，写下包罗万象的《夜航船》，写下更多长长短短的文字。这个昔日的纨绔子弟，用书写的方式，疗愈自己的内心，最终也以书写的方式，确立了自己在这世间的价值。

明亡之后，张岱为躲避战乱，隐居剡溪山中，成为明朝的遗民。从此，他不得不同之前四十八年的纨绔生活告别。

在极端困顿的生活之中，张岱依然孜孜不倦写书。他在《陶庵梦忆序》里提到，当时的生活困境常使他产生自尽的念头，"每欲引决，因《石匮书》未成，尚视息人世"。在恶劣的生活条件下，唯一让他继续活下去的信念，是他那未竟的事业。

一个享乐主义者

张岱其实是一个享乐主义者。

1665年，六十九岁的张岱写下了《自为墓志铭》："少为纨绔子弟，极爱繁华，好精舍，好美婢，好娈童，好鲜衣，好美食，好骏马，好华灯，好烟火，好梨园，好鼓吹，好古董，好花鸟，兼以茶淫橘虐，书蠹诗魔。"

这样富足的生活，"天厨仙供，酒醉饭饱"，简直是神仙日子。

第十一章 张岱：享乐主义者的后半生

张岱像

张岱出生于浙江绍兴的官宦世家，家境极好。从1540年到1640年的百年间，张家有数人在不同时间任职于六部不同层级，家族中也有多人在省级官衙当差。这样优越的家境，让锦衣玉食的张岱成为一名纨绔子弟，在吃喝玩乐的同时还精通琴棋书画诗酒花茶。

张岱回忆自己少时的生活，举凡吃喝玩乐、衣食住行，都相当讲究。比如他自学会走路起，就因为患有痰疾，要不断地吃牛黄丸，家里为他收罗了数筐，直到十六岁才吃完。

他六岁时，舅舅陶虎溪有一次指着壁上的画，出了一个对子，曰"画里仙桃摘不下"。小小年纪的张岱张口对出："笔中花朵梦将来。"陶虎溪奇之，大赞他是"今天的江淹"。

同一年，张岱在舅祖朱石门家里做客，有客见缸中荷叶，出上对"荷叶如盘难贮水"，张岱对"榴花似火不生烟"，满座皆赞。

张岱祖父张汝霖，跟晚明士人群体多有往来，交情甚厚。其中有位书画家、文学家陈继儒（号眉公），张汝霖与他交往深笃，并赠给陈继儒一头角鹿。有一天，张汝霖带着张岱出去玩，路上遇到陈继儒正骑着这头角鹿。陈继儒一时兴起，就想考考张岱，出了一个对子："太白骑鲸，采石江边捞夜月。"

这个对子里用了典。传说李白晚年时贫病交困，来到安徽南部的当涂，投靠在那里任县令的族叔李阳冰。一天晚上，李白在船上醉酒了，看见水里月亮的影子，就跳下去捕捉，结果被淹死了。

六岁的张岱很快对了一个下联："眉公跨鹿，钱塘县里打秋风。"

"打秋风"是江浙一带的方言，说的是过去江浙一带的农民淳朴好客，在秋季丰收的时候，对上门或路过的人，总是热情地招待他吃一顿饭。有些人爱占便宜，就利用这种"打秋风"的习俗，东走西串，蹭吃蹭喝。

眉公听罢，哈哈大笑，连声夸张岱聪明。小小张岱得到名士的赞许，自是十分欣喜，志气满满。张岱在晚年的多篇回忆文章里，都写到了此事，可见陈继儒对张岱的影响之大。

张岱幼年读书三万卷，被誉为"神童"，这是可以想象的。作为出身富贵的公子哥，吃喝玩乐，无一不精，诗词歌赋，无一不通，也完全可以理解。二十岁，张岱跟随琴师王侣鹅学琴。二十二岁，跟琴师王本吾学琴，习曲三十余首，指法"练熟还生，以涩勒出之"，练到了一定境界，同时又结了社团，每个月都要聚会三次。

张岱能书能画，跟沈周、文徵明、董其昌、李流芳这些人往来切磋；又好古玩，富收藏，精鉴赏，耳濡目染，眼光自然不低，什么文物古玩的题铭，诸多磁窑铜器之品评，都是行家里手。

二十六岁，迷上斗鸡，设斗鸡社，常跟他的二叔下重金赌博，赌得不亦乐乎，但是二叔十赌九输，愈输愈恼，绞尽脑汁。后来，张岱想到唐玄宗也喜欢斗鸡，还亡了国，便觉得斗鸡不祥，由此结束了斗鸡社，叔侄二人才又和好。

喜欢一样事情到了极致，就成痴成魔。张岱就是这样，什么都可以玩，玩什么都可以成痴成魔。琴棋书画诗酒花香茶，样样拿得起，放不下，精益求精。

喜欢弹琴，一不留神便成了绍兴琴派的代表人物；喜欢听戏，就在家里养一个戏班子；喜欢美食，爱吃牛奶又嫌市面上的奶制品不够新鲜，就自己养一头奶牛；说到吃，更加讲究，秋天吃蟹、冬天吃肥腊鸭、鸭汁煮白菜，配的果瓜是谢橘、风栗、风菱，饮的是玉壶冰，配的蔬菜是兵坑笋，配的饭是新余杭白，就连漱口用的茶，也有一个好听的名字——兰雪茶。

热爱世间一切美好的事物——这就是张岱，那个极爱繁华的享乐主义者、纨绔子弟，那个真名士、大玩家。

一个国破隐居者

世间每个人的格局与高度，都是经历成就的。

一个人经历的苦难与挫折，不堪与绝望，如同打铁时的淬火工艺。经过淬炼的人生，一切都将变得不一样。

他的坚韧，他的柔软，他的宽阔，他的厚重，都将在淬炼后生成。

张岱所生活的明末清初是一个剧烈变动的时代。公元1644年，清军大举入关，定都北京，明朝灭亡。

国破家亡之际，有很多忠义节烈之士纷纷殉国，也有很多贪生怕死之徒转投新主。

张岱少年时曾立下"补天"之志，希望自己成为一块能派上用场的炼石，去补明朝江山出现的隙漏。孰料，人算不如天算，劳碌半生，皆成梦幻。

曾经他家的产业遍布绍兴城，明亡后他却沦为穷困潦倒、食不果腹的流民。张家数代人积累下来的财富散尽，张岱自己四十余年积累的数万卷藏书也悉数被毁。除了当时避战乱入山时随身携带的几篋书籍，其他书籍被清兵所占，不是用来煮饭烧火，就是用来做兵防工事。张岱一生心血所系，皆荡然无存。

此时，张岱已经四十八岁。这是一个劫，由此，他的人生分成了两段：前半生锦衣玉食，不知生计为何物；后半生国破家亡，备尝人生之苦痛。

此时的张岱，既不能与朝廷对抗，又不愿背叛前朝，不愿做一个匍匐在地、山呼万岁的顺民。国破家亡之痛何其强烈，风雨飘摇之中，他选择了一条艰辛的道路，寓居杭城，纵情山水。西湖的山水，接纳了这个落魄的精神贵族。

他仓皇奔走，隐居山中，闭门著书。简陋的居处，唯有破床碎几，折鼎病琴，以及残书数帙，缺砚一方。

他布衣蔬食，常至断炊。

他跑到绍兴西南百里隐居三年，又辗转杭州等多处，其中困苦难以赘述，只将所有心力放在明史之上，以毕生才力尽付《石匮书》。

困顿的生活境遇，常使他产生自尽的念头，"每欲引决，因《石匮书》未成，尚视息人世"。在恶劣的生活条件下，唯一让他继续活下去的信念，是他那未竟的事业。

张岱年近七十之时，还要自己舂米、担粪。

在他的笔下，风流散去，风骨显现，故国旧梦，尽来笔端。

前半生记忆里，那繁华靡丽的江南、妙趣横生的市井生活，还有活色生香的世事奇人，都在他的笔下一一呈现。

张岱撰写《石匮书》，经历了明亡前和明亡后两个不同的思想发展阶段：明亡前，他出于家庭修史的背景和史料的积累，也为了纠正实录和私人记载的失实和阙误；明亡后，他以强烈的民族爱国感情投注于史著。国可灭，而史不可灭，张岱要写一部真实反映明朝兴亡的历史，流传后世。这是甲申（即公元 1644 年）以后一些具有民族气节的明朝遗民的共同见识。

张岱几乎是历经千磨万难，含污忍垢，承受精神和肉体上的双重痛苦，像司马迁发愤著《史记》一样，写下他自己的巨著《石匮书》。

银装素裹染西湖

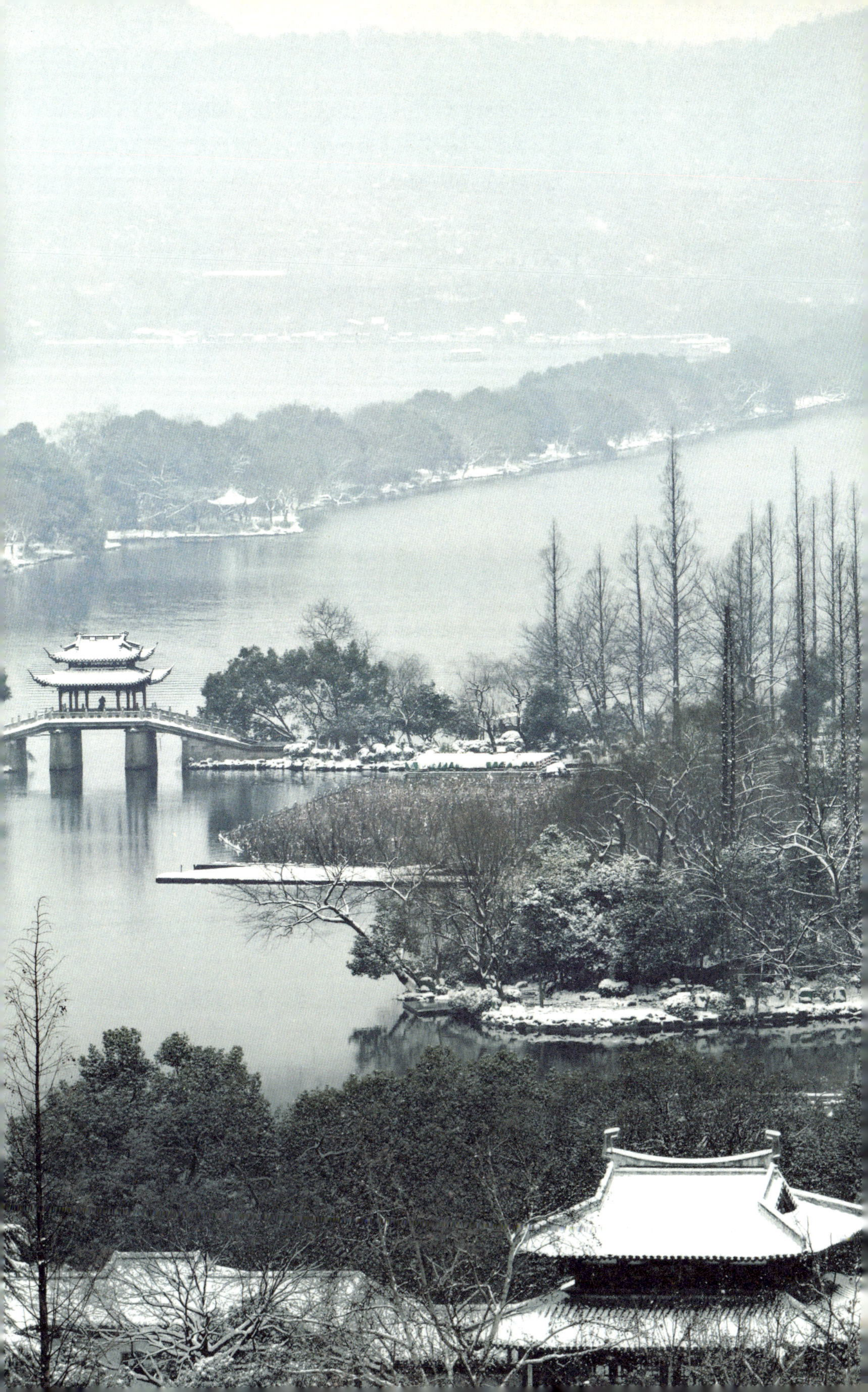

从史书巨著《石匮书》，到魂牵梦绕《陶庵梦忆》《西湖梦寻》，再到百科全书《夜航船》，张岱一笔一笔写来，写下一幅绵长的历史画卷。

而昔日那个纨绔子弟，在漫长的磨难的淬火之中，煅造出一个文人闪光的精神世界。

一个笔耕不辍者

现在人们对张岱的印象，大抵还是从《湖心亭看雪》《西湖七月半》那里得来的吧。

> 崇祯五年十二月，余住西湖。大雪三日，湖中人鸟声俱绝。是日更定矣，余拿一小舟，拥毳衣炉火，独往湖心亭看雪。雾凇沆砀，天与云、与山、与水，上下一白。湖上影子，惟长堤一痕、湖心亭一点，与余舟一芥，舟中人两三粒而已。

张岱在《陶庵梦忆》里写下的西湖，是他心中魂牵梦绕的西湖。

张岱并非杭州人，却比这城市的原住民更懂西湖。在离开西湖的二十多年里，他几乎每天都惦记着西湖。

一个人精神世界的尊严与底色，无论经历过什么样的苦难都不会被抹去。他看人看物，看世事变迁，远去的光阴，盛世的繁华，都不过是记忆中的风景。

五十七岁的张岱，重新看到了西湖，却是一个面目全非、湖山破碎的西湖。"如涌金门商氏之楼外楼，祁氏之偶居，钱氏、余氏之别墅，及余家之寄园，一带湖庄，仅存瓦砾……及至断桥一望，凡昔日之弱柳夭桃、歌楼舞榭，如洪水湮没，百不存一矣。"

在隐居二十年之后，为了保存自己心中的西湖印象，并把前人的诗文传说记录下来，他一页页写下那个梦中的西湖。那的确是一个梦——他在梦中重游昔日繁盛的西湖，并且记录下经历过的一切；他在那样的梦里，缅怀昔日的生活，也怀念那已经消亡了的故国。

有一次，是崇祯十二年（1639）八月十三，张岱陪南华老人在湖舫夜饮，南华老人先回去了。陈章侯，也就是画家陈洪绶，怅怅向张岱说："如此好月，拥被卧耶？"

今晚月色真美，怎么舍得就这么回去睡觉呢？张岱写道：

> 余敕苍头携家酿斗许，呼一小划船再到断桥，章侯独饮，不觉沾醉。过玉莲亭，丁叔潜呼舟北岸，出塘栖蜜橘相饷，畅啖之。章侯方卧船上嚎嚣。岸上有女郎，命童子致意云："相公船肯载我女郎至一桥否？"余许之。女郎欣然下，轻纨淡弱，婉嬺可人。章侯被酒挑之曰："女郎侠如张一妹，能同虬髯客饮否？"女郎欣然就饮。移舟至一桥，漏二下矣，竟倾家酿而去。问其住处，笑而不答。章侯欲蹑之，见其过岳王坟，不能追也。

多么美好的女郎啊，多么美好的湖上月夜。

这月夜分明是一个梦境啊，这女郎也分明是昔日的理想，已然不可追也。

"鸡鸣枕上，夜气方回，因想余生平，繁华靡丽，过眼皆空，五十年来，总成一梦。"张岱在回忆自己的一生时这样写道。

"学书不成,学剑不成,学节义不成,学文章不成,学仙学佛学农学圃俱不成。"这个享乐主义者的后半生,从未停止书写。他写下史书巨著《石匮书》,写下梦境一般的《陶庵梦忆》和《西湖梦寻》,写下包罗万象的《夜航船》,写下更多长长短短的文字。

这个昔日的纨绔子弟,用书写的方式,疗愈自己的内心,最终也以书写的方式,确立了自己在这世间的价值。

参考文献

1. 〔明〕张岱著,夏咸淳、程维荣校注:《陶庵梦忆·西湖梦寻》,上海古籍出版社,2001年。
2. 〔明〕张岱撰,李小龙译:《夜航船》,中华书局,2019年。
3. 〔明〕张岱著,夏咸淳辑校:《张岱诗文集(增订本)》,上海古籍出版社,2014年。
4. 佘德余:《都市文人:张岱传》,浙江人民出版社,2006年。
5. 胡益民:《张岱研究》,安徽教育出版社,2002年。
6. 佘德余:《张岱年谱简编(中)》,《绍兴师专学报》1994年第2期。

第十二章
洪昇：戏如人生

回到杭州之后的洪昇，在短暂的失意与抑郁之后，就深刻地明白，自己在这世上的使命，或许就是为了成就一部《长生殿》。这种热爱、这种成就，不因人生境况的好坏而改变。一生成败所系者，一生荣辱所托者，只是一部《长生殿》。至于其他的，都是过眼云烟。

在西溪有一座洪园。洪氏家族自宋代起便世居西溪，史上多出文人、官宦，尤在明清时期最为鼎盛，被誉为"钱塘望族"。

到了清代，洪家又出了洪昇，他所创作的戏曲《长生殿》与孔尚任的《桃花扇》齐名，并称为"南洪北孔"。洪昇正是在杭州创作了脍炙人口、到现在都在流传的经典传奇剧《长生殿》。

十年磨一剑，《长生殿》终于火了

"升平早奏，韶华好，行乐何妨。愿此生终老温柔，白云不羡仙乡。"

"流莺窗外啼声巧，睡未足，把人惊觉。翠被晓寒轻，宝篆沉烟袅。宿醒未醒宫娥报，道别院笙歌会早。试问海棠花，昨夜开多少？"

《长生殿》这部戏，在京城一上演就火了。作者洪昇很高兴，一下子成了京城的明星。

为等这一天，他准备了十年。

在《密誓》一场戏中，唐玄宗与杨玉环拈香盟誓："情重恩深，愿世世生生，共为夫妇，永不相离。有渝此盟，双星鉴之。"

演的人如痴如醉，看的人如梦如幻。四十四岁的洪昇知道，这部戏，真成了。

洪昇自小，文学天赋就很高。十五岁时，诗词作品已小有名声。

大概正因如此，他对仕途并不怎么上心，进步缓慢也在情理之中。他的志趣在文学，因而把主要的精力放在创作上。

二十九岁那年，在西子湖畔，洪昇跟几个好友饮茶闲谈，吟诗作赋。随意闲聊之时，有朋友谈到了李白。

杭州西溪湿地·洪园

洪昇说，他从小就喜欢李白，这个人的一辈子，日子过得潇洒，诗歌写到极致，佩服佩服。

朋友说，李白自然是才高八斗，但要论他有那样大的名气，还是得益于玄宗的识才，这才让天下人知道了李白。

言者无心，听者有意。朋友一番话，给了洪昇启发。

回家后，他以李白为主角创作了一部戏，故事里穿插了唐玄宗和杨玉环的故事，这就是《沉香亭》。

但是这部剧出来后，各界的反应很平淡。洪昇于是做了一番修改，删去了李白的部分，加入了李泌辅佐唐肃宗中兴唐朝的故事，并将剧本改名为《舞霓裳》。但这部剧出来后，依然是不温不火。

洪昇对于戏剧是痴迷的，态度是执着的。

他一边反思一边改进，想到唐玄宗与杨玉环的爱情故事动人心弦，想到白居易就写过《长恨歌》，歌颂了唐玄宗和杨贵妃的爱情，这首诗还被世人传颂。像唐玄宗这样专情的帝王实在罕见，而老百姓对于这一类故事自然是喜欢的。

于是，洪昇大胆地把《舞霓裳》作了修改，突出了唐玄宗与杨玉环的爱情，删去了许多无关紧要的情节，剧作定名为《长生殿》。

洪昇在这部《长生殿》里，改变了历史上对唐玄宗和杨玉环的传统定位，突出渲染了他们之间缠绵悱恻的爱情，并且给予了热烈的肯定和赞美。

洪昇的《长生殿》，改编自白居易的《长恨歌》和元人白朴的杂剧《唐明皇秋夜梧桐雨》，他有感于古今事迹，又不满前人所作，所以三易其稿，完成了《长生殿》的创作。

唐玄宗与杨贵妃的故事，已经传唱了千年，一则帝王的爱情，一首著名的长诗，如今转变为一出经典的戏剧。

盛世唐朝，忽然遭逢安史之乱，江山社稷，民族情感，还有缠绵悱恻的爱情，戏剧的表现力远比诗歌更丰富、更深刻。

洪昇所处的年代，正是康熙时期，中原人尚没有从明清朝代更替的历史变局中挣脱出来，如何适应清朝的统治当时依旧是个问题，而反思明朝的灭亡，依然是很多人心中的情结。

洪昇的这部《长生殿》，唐玄宗"弛了朝纲，占了情场"，感动人心的爱情当然是这部剧的核心部分，背景却是家国情仇，这让《长生殿》的戏剧结构变得丰满阳刚。

一部戏剧，就这样扣准了时代的脉搏和观众的情感。

洪昇用生花的妙笔和珠玉般的辞藻，雕琢出了一个多情又专一的帝王形象。

这样的艺术处理，洪昇是存了一点私心的。他希望自己能像李白得到唐玄宗赏识一样，得到康熙的认可。

果然，康熙看了剧本之后也大加赞赏，特别钦点剧组人员入宫表演。

对洪昇来说，这无异于天大的荣耀。

黯然离京，洪昇回杭隐居起来

但是洪昇没有想到，人生如戏，生活的反转来得比戏还要快。

《长生殿》的创作，洪昇用了十年时间，它给洪昇带来了鲜花和掌声，皇上还给他赏赐了二十两黄金。但这份荣耀，却非常短暂。

在京城，洪昇很快迎来了自己的生日。这一天，戏班子为了报答洪昇，特意给京城的大批高官显贵发了请帖，邀请大家一起在洪昇生日这天给他祝寿。这天各路宾朋满座，大家一起听戏。

但洪昇对政治不敏感，惹了大祸。当时，康熙皇帝的皇后佟佳氏刚去世不久，依照大清的律令，百日之内，全国人民必须沉痛哀悼，不许歌舞娱乐。你一个小小的洪昇，怎么敢在家大兴鼓乐呢？还邀请了那么多有头有脸的人物，这还了得！有个给事中黄六鸿以大不敬的罪名趁机上了一本。康熙皇帝听后勃然大怒，将洪昇终身剥去国子监身份，枷号示众一个月。其余观看戏曲的官员也被一网打尽，纷纷受罚，被牵连的居然有五十多人。

《长生殿》刚刚诞生不久，本希望它带来好运，可偏偏惹出这样的祸端来。"可怜一曲长生殿，断送功名到白头。"

洪昇梦断京城，于1691年黯然离开北漂的京城，回故乡杭州隐居起来。此时，洪昇已四十七岁。

此后，洪昇贫困潦倒，衣食无着成为他的生活常态。

洪昇于1645年8月21日出生在杭州。正所谓"生不逢时"，他出生的时候，正是清军攻打杭州城的艰难时刻。洪昇的母亲为了躲避乱世，躲进山中，在一户费姓佃户家里生下了洪昇。等到洪昇满月，杭州城已经是清朝了，家也已经不成家了，早已被人抢劫一空。

此前的洪家，算是杭州的官宦世家、名门望族，居住在杭州的庆春门一带。时代更迭之中，家道就此中落。但家中并未放松对洪昇的培养，他自小便接受良好的教育，十多岁时已是聪明伶俐、诗文俱佳。

洪昇二十岁生日之际，与比他晚一天出生的表妹黄蕙喜结连理，这是洪昇一生中最为快意的事情，也是当年钱塘文化圈的一段佳话。此时的洪昇可谓少年得意。

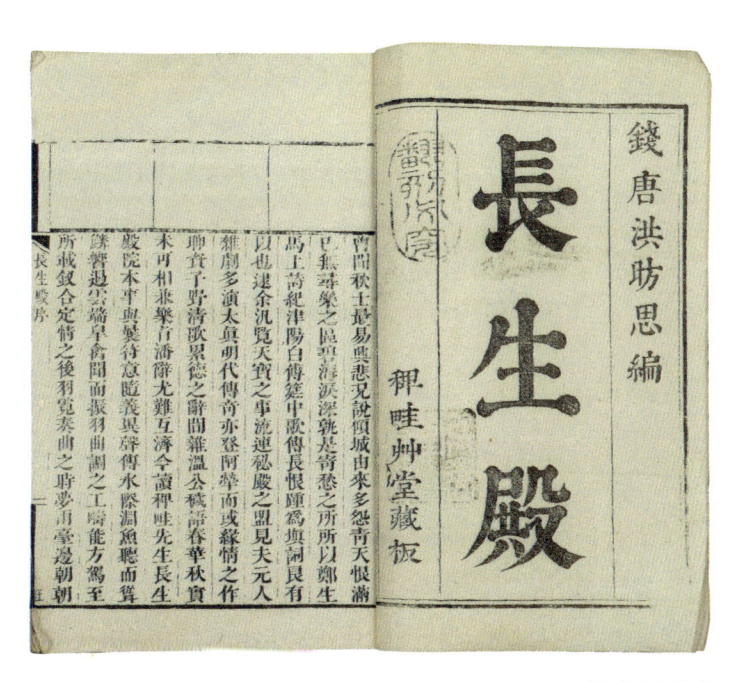

《长生殿》书影

但这之后，洪昇的运道一直不济，先后遭受各种灾难，兄弟俩被逐出家门，父亲获罪被发配，家中被抄，不一而足。

二十四岁那年，洪昇只身赴国子监治学，以求功名。然而只得到了一个监生的名号，未得一官半职，他怀着满腔苦闷，孤身回到故乡。

而比仕途的失意更让他难过的是，由于他人的挑拨离间，他和父母的关系日益恶化，最终被父母逐出家门。此时，他身无分文，穷困潦倒，无奈之下，只能携妻入京卖文为生，在京城一住就是十七年。

从第二次北漂开始，他在京城度过了十七年客居生涯，总体来看都是比较艰辛困顿的。虽被父母斥逐，但洪昇心里一直牵挂双亲。得知父亲"罹事远适"，洪昇四处奔走求人，哭诉冤情为父申冤。随后，他又赶回杭州，陪同父母北上充军，一路亲自侍奉，直到心力交瘁。所幸有人帮忙，其父遇赦得免。

就这样，他在杭州与北京之间往返奔波，照顾着父母和妻儿。在这十七年当中，因省亲等机会，他也有不少时间在杭州，生平最重要的两项文学成就——诗集《稗畦集》和传奇剧《长生殿》的创作，都与杭州关系匪浅。

《长生殿》演出惹下大祸之后，洪昇携眷回到杭州，家中境况已大不如前，生计无着，心情更是抑郁至极。他先住在沙河塘，在此处的"稗畦草堂"写作，又在孤山建"稗畦草堂"。

沙河塘大致位于今日杭州凤起路、庆春路与中河路之间一带，宋时已是杭州城中繁华之地，居民密集，碧瓦红檐，歌吹不绝。洪昇在此以闭门写作为主。西湖、西溪的山水，温润软美，常可慰藉内心，还好这个曾经孕育涵养他的地域文化氛围，再次慷慨接纳了这个漂泊半生的失意文人。到底是故乡的山水，他在这里吟诗作赋，与友人聚会相谈，渐渐找回了内心的宁静。

1694年，步入知天命之年的洪昇，在孤山筑"稗畦草堂"。草堂虽简陋，却在风景绝佳处。从此，他的生活轨迹得以和二十九岁离杭之前的生活连接起来。他在湖山之间，安顿下了自己的内心。

在这一点上，他可能是向自己的祖上学习。洪昇祖上，洪钟长子、明朝中书舍人洪澄，字静夫，号西溪，虽为高官，性情却和淡，喜欢静隐生活。他崇尚林逋，晚年在白堤孤山之南筑别业"西溪山庄"，归隐于湖，日夕在山水间出没，足迹几乎不入城中。可惜的是，洪澄去世后不久，西溪山庄就成为废墟。有学者认为，洪昇在孤山的草堂，或许就是在他祖上的西溪山庄故址上重建的。

洪昇的晚年，可以说是平静而闲适的，文朋诗友往来甚多。他在孤山草堂教授学生，许多青年文人来到他的草堂，接受文学的滋养，这些年轻人后来成为西泠诗派的重要力量。而洪昇的教书所得也还丰厚，得以解决他的生计问题。

1700年夏日，洪昇与友人徐逢吉、学生沈用济等人一起泛舟西湖，在断桥遇到了毛际可，二人入席，饮酒作诗，一直到晚上。

这年的中秋节，洪昇与"容安九子"经烟霞石屋到满觉陇山观赏桂花，后来也写了诗。类似这样的交游甚多，可以想见洪昇这段时间心情大抵是平静的。

当然，回想起自己一身才华却颠沛流离的一辈子，洪昇不免也会有些许落寞的情绪涌上心头。1699 年一个秋夜，风雨飘摇之中，五十五岁的洪昇独坐在孤山草堂，一盏昏暗的青灯伴着他，灯光摇摇不定。他听到了屋外的秋虫声声，宛如悲吟，细细听来，是蟋蟀的叫声。他想起自己的人生经历，觉得一辈子光阴忽忽而过，生命宛如秋虫一般短暂渺小。于是，他写下了一首诗：

蟋蟀当秋夜，声声逼户庭。
吟风四壁暗，啼雨一灯青。
齿发悲空老，家园幸稍宁。
卅年孤客耳，半向病中听。

一生托付，便是一部《长生殿》

失之东隅，收之桑榆。或许对于洪昇来说，这一生的颠沛流离，都可以忽略不计，这一切只是为了让《长生殿》的光华，可以从灰暗的泥沼之中绽放。

回到杭州之后的洪昇，在短暂的失意与抑郁之后，就深刻地明白，自己在这世上的使命，或许就是为了成就一部《长生殿》。这种热爱，这种成就，不因人生境况的好坏而改变。一生成败所系者，一生荣辱所托者，只是一部《长生殿》，至于其他的，都是过眼云烟。

洪昇不断琢磨、修改《长生殿》，将之视为自己的生命。回杭四年后，他拿出了一部臻于完美的《长生殿》，修改完成后即刻版、印刷。

《长生殿》也是在洪昇的少年同窗、好朋友吴人的主持下付刻的。苦于资金短缺，直到 1704 年洪昇去世后才全部刻成。可以说，没有友人的帮助，就没有《长生殿》；

没有《长生殿》，也就没有洪昇晚年的声名。

1697 年秋天，五十三岁的洪昇受京城旧识、江宁巡抚、诗人宋荦之邀游苏州。当时苏州当地的很多朋友闻知洪昇大名，也早就想一睹《长生殿》，于是有人牵头，大家纷纷凑份子，攒了一台戏，《长生殿》得以在苏州的名胜之地虎丘演出。

虎丘演出《长生殿》，由宋荦主持，可谓极一时之盛。

1703 年，洪昇五十九岁，他的杭州诗友孙凤仪又召集演员，在西湖边的吴山脚下演出《长生殿》。那是《长生殿》第一次在杭州上演。

此时，距离上一次在京城演出，已经十五年了。

《长生殿》终于回归到自己的故乡演出，对于洪昇来说，意义自然非同一般。当天的演出非常成功，观者如云，万人空巷，演出效果不同凡响。在这样的轰动之中，最大的明星是洪昇，此时他已经满头白发，尽管内心翻腾如海，但表面上，他显得平静而喜悦。

1704 年暮春，江南提督张云翼特意排演《长生殿》，邀请洪昇去上海松江观看。张云翼将洪昇奉为上宾，召集当地名流，在著名的山水名胜地"九峰三泖"间大开盛宴，并选了名伶数十人搬演《长生殿》。洪昇坐在上宾之位观看演出。

此事居然惊动了江宁织造、在南京的曹寅，也就是曹雪芹的爷爷。曹寅听说张云翼请到洪昇在松江演出《长生殿》，很是羡慕，就请洪昇去南京曹府捧场。

曹府一连唱了三天戏，洪昇与曹寅快乐地喝了三天酒。据说曹寅让洪昇独居上座，自己在旁边作陪，还在两人座位前各放一本《长生殿》剧本。台上的伶人演出哪一折，两人就一起校对剧本，以合节奏。在满堂名士众目睽睽之下，极尽风雅。

告别曹寅后，洪昇返回杭州，在 1704 年 7 月 2 日，乘船经过吴兴乌镇，即今日桐乡乌镇时，由于晚间水上风大，随行老仆不慎落水，洪昇饮酒半酣，胆气正壮，带醉前去救老仆，结果也落入水中。此地偏僻，很久未有人救援，他和老仆都溺水而亡。这一年，洪昇正好六十岁。

《长生殿》与《琵琶记》《牡丹亭》《桃花扇》共列为四大明清传奇，又和《西厢记》《牡丹亭》《桃花扇》共列为四大古典名剧。《长生殿》的曲文创作可以说是登峰造极，在中国历史上无出其右者。因为一部《长生殿》，洪昇的一生，也的确可以托付了。

参考文献

1. 陈启文：《如戏人生——洪昇传》，作家出版社，2020 年。
2. 吴晶：《洪昇与西湖》，杭州出版社，2006 年。
3. 章培恒：《洪昇年谱》，上海古籍出版社，1979 年。
4. 刘荫柏：《洪昇研究》，花山文艺出版社，1991 年。
5. 伊河：《洪昇和〈长生殿〉研究》，硕士学位论文，江西财经大学音乐学专业，2013 年。

第十三章
袁枚：没有灵魂的人生不值得过

对于袁枚来说，一桌没有灵魂的菜，一首没有灵魂的诗，都是无法忍受的。一场没有灵魂的人生，更加不值得过。余生漫漫，袁枚选择一种自己喜欢的生活方式，将所有时间用于自己喜欢的事。如此，才算不负此生。

如果袁枚不是果断地从县官的岗位上离职归隐，世上恐怕就会少一位隐士、名流，也会少一位美食家、出版人。

而要放着县官不做，选择归田退隐，也不是一件容易的事。能不能做出这样的抉择，就决定了人生的道路是向左走还是向右走。这是两种截然不同的活法。

袁枚何尝没有经历一番激烈的思想斗争。然而斗争的结果是，他终于做出了一个正确的决定——听从内心的声音。

那个声音，许多年以后，在他的各种文字里零零星星地出现过——不管是在谈诗论人，还是品评美食厨艺。譬如他说到宴席，就有这样一番论述：

唐诗最佳，而五言八韵之试帖，名家不选，何也？以其落套故也。诗尚如此，食亦宜然。今官场之菜，名号有十六碟、八簋、四点心之称，有满汉席之称，有八小吃之称，有十大菜之称，种种俗名，皆恶厨陋习。只可用之于新亲上门，上司入境，以此敷衍；配上椅披桌裙,插屏香案,三揖百拜方称。若家居欢宴,文酒开筵,安可用此恶套哉?必须盘碗参差,整散杂进,方有名贵之气象。余家寿筵婚席,动至五六桌者,传唤外厨,亦不免落套。然训练之卒,范我驰驱者,其味亦终竟不同。(《随园食单·戒单·戒落套》)

这段话的核心观点是,设宴做菜要不落俗套。

在这里,袁枚把做菜、写诗两者打通来类比和论述,的确令人耳目一新,又不得不让人佩服他的眼光。

杭州人袁枚是个大才子。年少时才华横溢,十二岁时便与老师、四十四岁的史中一起参加县学考试,师生二人同时考中秀才;二十三岁考中举人;二十四岁得选翰林院庶吉士;二十七岁参加翰林院散馆考试,因为满文翻译不工而考居末等,毕业时交两江总督德沛,以知县任用。这年秋天,在溧水任知县,居官两个月,冬天到江浦任知县,次年又到沭阳任知县,后又到江宁任知县。

当了七年芝麻官之后,他却萌生了退意。

"三十休官人道早,五更出梦吾嫌迟。"要做这样的抉择是不那么容易的。但是好在,袁枚最终做出了一个抉择。

最根本的原因,是他不喜欢官场。

不喜欢官场的原因,一是不堪其累,二是不堪其俗。

对于袁枚来说,一桌没有灵魂的菜,一首没有灵魂的诗,都是无法忍受的。而一场没有灵魂的人生,更加不值得过。

从杭州到"京漂",袁枚的求仕之路

袁枚是杭州人,出生在仁和县一个叫大树巷的地方。大树巷,是杭州城东艮山门内的小巷。袁枚七岁时,全家迁居葵巷。这里是清朝著名藏书家、金石学家汪启淑居住的地方。袁枚一家迁居到此时,汪启淑的葵园已经没有了,四面全是菜地。

袁枚的父亲袁滨,一生游幕,他的饷银标准不高,又慷慨好客、乐于助人,经常没有多少钱寄回家中。家中女性织布纺纱,赚点钱贴补家用,因此家中偶尔也会发生断炊的情况。袁枚小时候,姑姑沈氏夫人守寡,在家中带他诵读《弟子规》《诗经》等书,每天也给他讲历史故事。

后来,袁枚拜师私塾先生史中(字玉瓒)。史中没

〔清〕叶衍兰《袁枚像》

有功名，当时也没有考中秀才，却是胸有大志的民间高士。袁枚跟着他学"四子书"，即《大学》《中庸》《论语》《孟子》。读书时袁枚也很顽皮，有时还故意戏弄老师。学馆里有十多个学童，老师不在时，大家嬉笑玩闹，袁枚更是生性好动，捉迷藏、翻筋斗，但他功课却是最好的。老师见学生玩闹，就要抽查背书，袁枚总是第一个提要求："老师，我来先背！"每次都能流畅无误地背诵下来。到了九岁，袁枚就开始学写诗了。

袁枚的才华，在少年时就有所显露。据说有一次，袁枚陪同父亲游吴山，路上碰到一个看相的人。相士看了看袁枚，就对袁父说，这孩子天性聪明，必是科第中人。但是他双眼太露，额头偏高，其发泄早，显达有限，官不过六七品，而中年以后福分更佳，比之王公卿相有过之而无不及。奇相！奇相！

袁父听了这一番话，觉得一头雾水：既然官职卑微，后来又如何比王公卿相更有福分呢？便一笑置之。

后来袁枚入了翰林，做了县令，壮年早早辞官归田，尽享林泉之福。这样一个离开了官场核心圈的人，因才华横溢，声名远扬，各路王公贵族都以与之结交为荣，袁枚自是潇洒极了，不正是世间一种难得的福分吗？

当然，人年轻的时候，还是要去见一番世面的。没有见过世界之大，没有亲历远方的风景，又怎能对自己的人生之路作出富有格局的规划？历史上的隐士高人都是这样的。一开始就坐井观天，眼中世界不过就是井口那么大，唯有见过了海阔天空，才能在一粒沙里看见一个世界。

十二岁，袁枚与老师史中一起，考中了秀才。此后他一路在求学、进仕之途上前行，他自由的思想也随着年龄和阅历的增长而逐渐成熟。譬如，他十四岁时，读了很多历史书，读史可以知得失，读了《史记》中的《高祖本纪》，他写了一篇《高帝论》，写完又不过瘾，又写了一篇《郭巨埋儿论》。郭巨是"二十四孝"中的一个人物，他为了孝敬母亲，为了不让儿子跟母亲抢食，居然要把亲生儿子埋掉。这样惨无人道的行为，居然得到了上天赐给的黄金作为奖励。这样荒诞无聊的故事，还作为孝义之事拿来宣扬，不是太违背常理了吗？于是，袁枚在自己的文章里写道："吾闻养体之谓孝，养志之谓孝，百行不亏之谓孝……杀子则逆，取金则贪，以金饰名则诈，乌乎孝？"

由此可见，袁枚少年之气，洋溢着独立思考的勇气，不迷信前人，也不死读书，而是勤于思考，勇于表达自己的意见。

十八岁时，袁枚被推荐到杭州的万松书院深造。万松书院，又名敷文书院，在南郊凤凰山。当时，主管书院的人叫杨绳武。此人在官场也是一个另类，他早早中了进士，被选为庶吉士，毕业后被授予编修一职。但自他父亲去世之后，就再没有出来做官，只到书院教书。他这种自由自在的生活，让袁枚十分羡慕。袁枚找到了杨绳武的每篇文章，不仅读，而且抄，十分喜欢。杨绳武读过袁枚的《高帝论》和《郭巨埋儿论》后，把文章带到了书院的讲堂上传阅，并当众表扬，说："十几岁的年轻人，有这样独立的见解，不简单哪！此生前途无量！"

之后，袁枚参加浙江博学鸿词之选，参加考试的浙江读书人共有十八人，结果袁枚意外落选。后来参加乡试，袁枚以为胜券在握，结果发榜一看，又名落孙山。

袁枚参加过三次乡试，加上博学鸿词之选考试，四战败北，心中十分失意。思来想去，只有离开浙江，到别处去参加考试。江浙古来多才子，读书人太多，竞争也激烈，或许换换地方，会好一些。

袁枚首先想到的，是去广西桂林，投奔叔叔。一路挨饥受冻，千辛万苦，历时数月终于到了广西，没想到饱尝游幕生活之苦的叔叔袁鸿见面的第一句话就是："你不该来呀！"尽管如此，叔叔还是把他引见给了广西巡抚金鉷。金巡抚了解到袁枚的谈吐、才华之后，大为欣喜。有一次，他想试试袁枚的才华，命他作一篇《铜鼓赋》。袁枚欣然从命，一气呵成。铜鼓是古代南方少数民族的一种乐器，以广西数量最多，分布最广，几乎是广西的一个重要文化产物，是广西的符号。袁枚是个有心人，在广西也随时了解民俗风情。这篇文章令金巡抚拍案叫绝，当即决定将此文收入《省志·艺文志》卷首。此后，金巡抚上了奏章，推荐袁枚参加考试，并提供一百二十两银子，派专人护送袁枚赴京参加考试。这一路，从广西出发，经湖南、湖北、河南、直隶到达北京，凡几千公里，袁枚写了几百首诗。

到京后，袁枚参加了博学鸿词科考，再一次名落孙山。一再落榜，与袁枚不喜欢作应试的八股文有关。考不上，他只好想办法在京城暂居下来，四处拜访名流，成了一名"北漂"，并在广交朋友的同时，潜心练习八股文。二十三岁，袁枚终于在乡试中金榜题名，第二年会试，被钦点为二甲第五名，中了进士。此后是三年翰林院的学习生涯。二十七岁参加散馆考试，本来有大臣举荐袁枚去做言官，但他婉拒了。在散馆考试中，只考满文的翻译，没有考诗赋，而诗赋是袁枚所长，满文是袁枚最差的。考试结果出来，位居末等，交给两江总督德沛，以知县任用。

梳理袁枚的人生经历，这一段求取功名的进取之路，极为艰辛烦冗，生活也殊为不易。即便袁枚才华满腹，也不得不如飘蓬一样流落各地。到了此时，他总算可以安下心来，走上仕途。尽管知县不过是一介芝麻官，但好歹也是一县之长，如果要为一方百姓做点实事，也是大有可为的。一念及此，袁枚也就怀抱满腔热忱，奔赴上任去了。

江南几处知县，愿以一官换一园

对人生来说，所有过往，皆为序章。

没有走过弯路，怎么知道直路在哪里？事实上，人生也并没有捷径可走。所有的经历，都是为了寻找到最适合自己的人生道路。

在袁枚的第一个知县任上，在溧水居官仅两个月。他是真心想做个好官的。他的父亲袁滨听说儿子当了县官，担心他太年轻无法胜任，特意一个人悄悄跑到溧水县，戴顶草帽，扮作路人跟路边的老头老太打听："听说我们这里来了个新知县，这人到底怎么样？"别人告诉他："新知县虽说很年轻，但是判起案来也有一套，判得可准了，是位宅心仁厚之人，是个好官啊！"袁滨一路打听过去，大家都说新知县干得不错，他这才放下心来。

不久，袁枚改官江浦，又赴沭阳任知县，后调任江宁。每到一处，他都兴修水利，培养人才，处理政事，结交文友。对于知县来说，头等大事是断案，若是灾害来了，救灾则是首要之事。有一年夏秋之际，沭阳遭遇了一场空前的蝗灾，他来到田间，与官民一起灭蝗。他离任沭阳之时，官民依依惜别，深情相送。

然而，当官并非袁枚一生的使命。

他当年离开杭州，远赴广西去求取功名，路过桐庐的严子陵钓台，就流露出仰慕之情。彼时年轻，正是积极上进的时候，他却在诗文中流露出热爱自由的思想。事实上，他骨子里也是积极进取之人，并非消极避世者。他也羡慕陶渊明，仰慕陶渊明不为五斗米折腰的精神气节，但是并没有躬耕南山，而是采取了另一种积极的自由人生策略。

这种自由的思想，一旦在心中埋下了种子，就总有一天会冒出芽来。

所需要的，只是一个良好的契机。

袁枚三十二岁那年，在江宁做知县，暮春之时，受理了一个秀才控告僧人毁其父棺材的案子。那地方在小仓山附近。袁枚断案，不喜陷入琐碎纠缠之中，而是善于抓住双方的关键节点来解决问题。此案原是因为秀才家贫，没有钱将棺材下葬，时间太久，搁载棺木的凳脚腐烂而至棺木倾倒。袁枚出了个主意，他出钱，僧人出力，做一堂法事，将棺材下葬，涉事双方都点头表示感谢。

袁枚担心法事进行过程中又有什么变故，特意留下等法事结束再走。他到附近的小茶馆喝茶休息，与人聊天，得知这个断壁残垣之处原是一座名园，乃是江宁织造隋公的别墅，叫作隋园，可惜已荒废十多年。因其后人家中贫困，早想将此园卖出，开价只要三百两银子。

袁枚内心一动。这地方是真不错，风景优美，又很僻静，他稍加考虑，就决定将隋园买下。买下后，他把隋园改名为"随园"。"随"，是顺其自然的意思，这正是他的人生态度。有了随园，袁枚终于算是给自己的生命找到了一个落脚点，心可安于此地矣。

在江宁任上，袁枚体恤百姓之苦，征粮的力度不够，该征收的钱粮任务没有完成，以致升迁无望。但袁枚想要辞官却是早有打算，只是在等待时机而已。这年秋天，袁枚母亲章氏得病，他忧心不已，给上司写了一封辞职信，备述理由。这一次，袁枚辞官的理由很正当，以孝为由，皇帝也难以阻挡。

但是这个时候，袁枚的辞职是不彻底的，只是以孝事亲，暂时离官。按照规定，他日母亲病好了，他还得回去就职，否则上面是要怪罪下来的。乾隆十四年（1749）正月初一，袁枚抵达杭州家中，与家人相聚，甚是欢愉。

袁枚知道，顺风好收帆。他早就想退隐了。此后三年，他过着优游恬静的生活，加之生了两场病，官俸积蓄也几乎耗尽。这时候，亲戚朋友、父母妻妾都劝他重新出去做官。

这个时候的袁枚，是最为痛苦的：一方面，他已经对官场失望，害怕又一次卷进是是非非的旋涡里；另一方面，他内心作为诗人的傲气与散漫之气，让他体会到了这三年无官一身轻的自由与快乐。

比方说，清代官场中行跪拜之礼，就是他特别讨厌的。当时规矩，下官见到上司，一定要小跑上前，距五六步远下跪。下跪还不许发出声音，声音大了即是失礼。袁枚初为县令时，还练习了好久才练会这个本事，几年下来，他的跪拜动作居然已经轻车熟路。意识到这一点时，他为自己感到羞愧。心气很高的诗人袁枚，居然一次次要向他看不起的许多个庸人行下跪之礼，这真是叫人不堪其俗。但生活所迫兼父命难违，袁枚不得不再次出山，他的内心经历着一次又一次的折磨。

袁枚三十七岁那一年的正月十二日，他北上京城，准备重新出仕，不久得知将去陕西做官，感到十分意外。虽然这个官职十分鸡肋，但是也没有办法。六月，父亲袁滨却意外在江宁去世，三个月后，袁枚接到父亡音讯，悲伤之中，即刻南归。直到这年冬天，他才匆匆赶回随园。因没有看到父亲入殓，袁枚深感悲怆和遗憾。此时，他母亲年事已高，作为家中独子的袁枚，完全符合清朝退养的规定。至此，袁枚绝意仕途，心态落定，真正开始了安居随园，做一介文人的生涯。

此时的随园，已荒败不堪。

既然选择了归田这一条路，袁枚也不想把生活过得乱糟糟的，他开始改造随园。他的钱又从哪里来呢？他如何维持基本的生存呢？在这方面，袁枚可是好好下了一番功夫的。

中国古代文人，其实一直没有很好的生存之道，唯一的出路，是给官家打工，"学成文武艺，货与帝王家"。袁枚也想过：我能不能以卖文为生呢？

给他启发的，是李渔。李渔是浙江兰溪人，也长期在杭州和江宁生活。他是真正的"卖文为生"，卖小说、写戏剧、搞演出、做出版，生活过得有滋有味。李渔的生存之道，给了袁枚很大的信心，加之袁枚又是翰林院出身，当过七年知县，人脉很广，不怕没有饭吃。就这样，袁枚也以随园为据点，收徒授课，编印书籍，卖文润笔，慢慢地，把自己的文化产业经营得有声有色。

上帝在关上一扇门的同时，也给你开启了一扇窗。

袁枚在做官的时候，没有贪过财，日子过得紧紧巴巴。如今无官一身轻，他可以放心大胆搞经营了。他搞出版，自己写书、编书、售书，产业一条龙。他编的《随园诗话》，一集一集地出，影响非常大，很多有钱人也希望自己的诗作能被袁枚收入《随园诗话》，这样就可以得到袁枚的几句评论。如此一来，选诗收费就水到渠成。袁枚不用开口说钱的事，但是对方一定会主动送钱送礼。曾有人为了一首诗能被收入诗集，给袁枚的报酬是珊瑚手串一挂、常佩汉玉拱璧一件、家制荷包一双。这些东西一算，每样都价值几百两银子。

还有一个扬州的盐商，出资重刻孙过庭的《书谱》，托人向袁枚索序，袁枚仅以"乾隆五十七年某月某日随园袁某印可"十几个字打发。收银多少？高达两千两！

再说卖文，稿费也十分可观。袁枚的《小仓山房文集》中，有许多墓志铭、神道碑、传记与行状，这些文章大多数都是为大官或商人写的，一看就是金钱交换的产物。一篇墓志铭，往往能换几百两银子，多的有上千两。尽管是收钱之作，袁枚也认真对待，丝毫没有降低写作的质量。

更有甚者，袁枚赏脸跟人一起吃饭，有时凭借自己的才华与知识积淀，为人说几句好话，一顿饭下来，居然能收到两千两银子的"小费"。袁枚有一本手抄本《纪游册》，上面记载了很多交游、受赠的"盛况"，从这些日记可以看出，袁枚接受的馈赠银两之多、礼物之丰、红包之厚，令人咂舌。到了晚年时，袁枚还有"田产万余金，银二万"，古董文物也有不少。

袁枚经营有方，文化产业做得风生水起，简直是一个奇迹。自然，他的随园也成了交游海内文朋诗友的地方。不管谁找上门来，他都真诚相待。随园很大，有二十多间房子，春秋之日，游园之人不可胜数，据统计，鼎盛时期，每年有十万人之多。随园门口，有一副对联，取自唐代诗人杜荀鹤的《题衡阳隐士山居》：

放鹤去寻三岛客；
任人来看四时花。

快意人生最难得，活得有趣是正经

在随园中建有一座藏书屋，袁枚起名"所好轩"，他还专门为此写了一篇《所好轩记》：

所好轩者，袁子藏书处也。袁子之好众矣，而胡以书名？盖与群好敌而书胜也。其胜群好奈何？曰：袁子好味，好色，好葺屋，好游，好友，好花竹泉石，好珪璋彝尊、名人字画，又好书……

〔清〕尤诏、汪恭《随园湖楼请业图》（局部）

袁枚的爱好很广泛，而且他十分坦荡，毫不避讳自己的爱好，如喜欢风花雪月、古玩字画、山光水色、美女优倡。袁枚后半生，极山林之乐，享文章之名，日子过得潇洒极了。这一篇《所好轩记》，可谓他率真放达的人生宣言。

袁枚二十四岁娶王氏为妻，这是正室，又先后纳陶姬、方聪娘、陆氏、金娘、钟姬等为妾。他的妻妾们先后为他生了六个女儿，到了六十三岁时，刚娶不到一年的钟姬为他生了一个儿子，取名阿迟。

六十岁之后，袁枚除应酬朋友、料理家事之外，一年中几乎有半年都在出游的路上。六十七岁，他登天台、游雁荡，渡钱塘、过兰溪，每到一处，就写不少诗。第二年，又登黄山、牛首山。

六十九岁时，他干脆远离家乡，南下两广，遍游岭南名胜。二月登庐山，四月下广州，九月游桂林，泛舟漓江，十月转湖南，登临衡山。这一次出游，一直从前一年的春天玩到第二年的正月，历时整整一年，行程数千里，可谓壮游。

七十一岁时，袁枚还登上了武夷山，同样一路欢歌笑语。

直到八十一岁，也就是他去世的前一年，他还再度出游扬州、苏州，到无锡，过慈溪。此时袁枚已经年迈，两脚也不听使唤，只得靠别人抬着背着。尽管如此，他也游兴不减。

袁枚女弟子甚多，在他七十五岁那一年，还在西湖边的宝石山庄召集了一次女子诗会。当天，他和十三位女弟子雅集西湖，吟诗作对，被传为人间盛事。两年之后，他又一次在西湖举办女弟子诗会。袁枚的随园女弟子人数之多、整体实力之强、活动能力之强，达到中国古代妇女诗歌创作的高峰。

袁枚在随园写出了大量文学作品，除了《随园诗话》《子不语》等，还有一部《随园食单》，是他七十二岁那年写的。此书流传甚广，分须知单、海鲜单、杂素单、茶酒单等十四部分，从山珍海味到农家小菜，书目之详细，涵盖之广泛，令人叹为观止。

更重要的是，在这本书里，袁枚把美食与诗学相提并论，许多概念形成了"通感"，融会贯通之后，成为一种独特的性灵美追求。比方说，滋味、意味、韵味、趣味、体味、兴味、品味等等，既是饮食之滋味，也是美学精神之追求。

在写诗一事上，袁枚倡导"性灵说"，特别强调"性情""真情"，同时看重"个性"。其实，可以说，正是远离了前半生的官场，才有了袁枚后半生的"性灵"。袁枚的骨子里不想成为一个御用的文人，而想成为一个思想自由的诗人。

余生漫漫，袁枚选择一种自己喜欢的生活方式，将所有时间用于自己喜欢的事。如此，才算不负此生。

活到老，玩到老，创作到老，游戏到老。袁枚就是这么一个会"玩"的人。玩得风生水起，不落俗套；玩得风流潇洒，自由坦荡——这样玩一辈子，袁枚也不枉此生了。

乾隆壬子三月余寓西湖寶石山莊一時吳會女弟子各以詩來受業旋屬尤汪二君為寫當日景而余為志姓名於後以當陶貞白真靈位業之番其在柳下姊妹偕作者湖樓主人孫令宜奠使之二女雲鳳雲鶴也正坐撫琴為乙卯經舉孫原湘之妻席佩蘭也其旁側坐者相國徐文穆公之女孫裕馨也手折蘭者皖江巡撫汪新之女繡祖也執筆題芭蕉者汪秋御明經之女坤也雄女倚其肩而立者吳江李寧人桌使之外孫女嚴蕊珠也憑几拈毫有所思者松江廖古檀明府之女雲錦也把卷對坐者太倉孝子金珊之室張玉珍也隔坐于几旁者虞山屈婉仙也倚竹而立者蔣少司農戟門公之女孫心寶也執團扇者姓金名逸字纖纖吳下陳竹士秀才之妻也持竿釣而山遮其身者京江鮑雅堂郎中之妹名之蕙字芷香張可齋詩人之室也十三人外侍老人側而撰其兒者吾家姪婦戴蘭英也兒名恩官諸人各有詩集現付梓人
嘉慶元年二月花朝日隨園老人書時年八十有一

参考文献

1. 袁杰伟:《随园流韵:袁枚传》,作家出版社,2018年。
2. 阎志坚:《袁枚:性灵人生》,辽宁人民出版社,2015年。
3. 徐清祥:《袁枚正传:古代中国活得令人艳羡的大隐士》,浙江工商大学出版社,2019年。
4. 马昕:《袁枚的咏史诗创作与性情人生》,《文艺研究》2018年第10期。
5. 胡运宏:《清袁枚随园小考》,《大众文艺》2018年第24期。

第十四章
吴本泰：西溪梵隐，宛如平常一段歌

六十一岁终于考中进士的吴本泰，实现了旧时文人的『最高理想』，被任为吏部郎中。后来又升任尚宝司丞。明亡后，吴本泰归隐西溪，从此不仕。他与西溪的相遇，是彼此的成全。进入晚年的吴本泰，在西溪度过了一生中最为美好的时光，而他也为西溪留下了一部丰厚的精神遗产。

明崇祯七年（1634）晚秋的一天，西溪河渚间蒹葭吐絮，芦头皆白，芦洲四面的白芦苇荡中，偶尔又有艳红的火柿高挂枝头，真是一个秋高气爽的时节。

在这年才考中进士不久的吴本泰，坐着一艘小船，穿梭于河网交错的芦苇荡中。船儿轻快地滑行于水面，吴本泰的心情也畅快极了。

吴本泰来西溪，是为在赴京之前，专程拜访一位老友——智一禅师。

此时的吴本泰已然是两鬓斑白。虽道人逢喜事精神爽，但岁月毕竟不饶人，已经六十一岁的吴本泰也没有想到自己这一年能以三甲三十五名的座次考中进士。本来，他也没有抱太大的希望。考了几十年，一次又一次的失望与挫折，让他对于功名的渴望不再像年轻时那么强烈了。然而，他年迈的父亲依然一再督促他要继续努力，作为孝子的吴本泰，自然只有一次次继续拼搏在应试之路上。

正是在这一年，吴本泰这条鲤鱼终于跃过了自己的龙门,成就了一个旧时知识分子的"最高理想"。按照惯例,他有一个月的假期回乡探亲,祭祀祖先,以示光宗耀祖。忙完了家里的杂事,他打点行囊,北上任职。出发之后,吴本泰想起了在西溪的老友智一禅师,便把行程略作调整,拐到西溪来了。

他与西溪的缘分,就此结下。

心追桃源

吴本泰,字美子,号药师,亦号梅里居士,晚年别号雨庵道人。他出生于海宁一个并不算太富裕的书香世家。吴家人素以读书为正经要事,到了吴本泰手上,虽然整个青少年时期都在科考之事中摸爬滚打,但到了三四十岁依然两手空空。随着年龄的不断增长,他内心对于功名的渴望和对于仕途的热情不断被消磨。

一直未能出人头地,生活自然也是困顿的。成家之后,又要照顾家中老小,吴本泰愁忧顿生。家中舂好的米常常只够今天吃的,明天还要找米下锅,这种愁苦怎堪与外人道。吴本泰不得不远走他乡,在别人的塾馆中教学,借此谋生养家。这样的奔波与辗转,让吴本泰更没有什么斗志了,因为拼科举还是需要不懈的努力和很旺盛的精力的。

在他六十一岁的时候,在他差不多已经放弃人生的目标之时,进士功名对于他来说,无异于一份生命的礼物。这也是对于他大半生作为读书人的一份总结。

按照惯例,他就要去做官了,一份不大不小的官职,却足以令世人生羡。而在这样的凡俗世界里,吴本泰的内心,却无比向往一个世外桃源。

然而那世外桃源到底是什么呢？吴本泰心中并没有答案。

直到有一天，他带着一身沧桑坐着小船悠然驶进西溪的水荡芦雪之中，那答案忽然如西溪水中的鱼儿一样若隐若现。

他从未像今天这样轻松畅快地想起自己的生活。毕竟他已经六十一了，亲身经历的人事，眼见耳闻的世情，都积蓄在了心中。用不了多久，他就要带着这份功名，前往京师任职，可以预见的是前途一片大好，再不用为生计发愁。他深谙经典，崇祯帝召见后，以其有大用，

秋雪庵

任命他为吏部郎中。

晚秋的西溪风景很美,河水荡漾,人声寂远,野草密集,白云飘拂。好地方!吴本泰在心中暗暗叹道。他忽然觉得心中生起一股绝尘之意。

吴本泰此番要寻访的旧友智一禅师,在这一年的春天,应河渚乡绅沈应潮、沈应科之请,在西溪河渚的资寿寺驻锡。

资寿寺并没有什么名气。自南宋建寺以来,毁坏已达四百余年,只留下一片废墟。此寺的寺基土地,归属

于沈氏。沈氏兄弟和乡绅洪吉臣等人齐心资助，让智一在寺院旧址上建起了茅庵三间。自此，智一带领一众寺僧于此诵经礼佛，参悟修行。

这个茅庵所在之处，也确是清修之所，自然清幽，风景寂秀。吴中名士陈继儒曾来游河渚，见茅庵在水中央，四面都是芦苇，清风徐来，芦雪摇曳，弥漫千顷，便以唐诗"秋雪蒙钓船"之意境，题写了"秋雪庵"三个字。

秋雪庵，秋雪庵。吴本泰默念这个名字，观赏着西溪这个地方的秀美清幽。

据说宋建炎时期，宋高宗南渡，途中经过杭州，见到了西溪这个地方芦花飘飞、小桥流水的景致之后，顿生停留之意，遂感慨"西溪且留下"。

自宋以后，有关西溪的文字资料、诗词歌赋、游记吟咏，真是数不胜数。众多文人墨客都对西溪之地的自然风光与野逸之趣大为喜欢。

数百年来，要问秋雪庵的声名有多大，或许可以这样说——秋雪庵之于西溪，就像西湖之于杭州。而在吴本泰光临秋雪庵的时候，它依然只是一处清寂无人的清修之处。

好地方啊！

智一见到老友来访，自然欣喜异常。吴本泰叹道："这个地方太好了！"在智一陪同下，吴本泰游览了秋雪庵四面佳处，并为老友题词留念。他略一思索，写下"圆修堂"三字。

数日后，智一将吴本泰的题字制成匾，悬于秋雪庵中。

这次西溪访友，吴本泰特意留下来多住了两天。尽管心中留恋此佳处，他也不便久留，还要赶赴京师上任去。

许多年后，吴本泰依然对西溪念念不忘，他在《秋雪庵碑记》中还写道："嗣跋历京师十许年，犹时入梦中。"

国破归隐

到京后，吴本泰担任了吏部郎中，后来又升任尚宝司丞。冬去春来，不知不觉十年光阴流逝。

到了崇祯十六年（1643），智一禅师北上佛教圣地五台山，特地去京城拜访了吴本泰。旧友重逢，自然说不出地高兴。闲谈之中，吴本泰急切地询问了秋雪庵的近况。智一告诉他，蒙当地乡绅和善男信女的资助，加上寺僧们节衣缩食、艰苦经营，秋雪庵已扩建了基础设施，有了殿堂、经楼、客房、僧舍，俨然成为一座大寺院了。

三年前，礼部尚书、著名书画家董其昌还慕名来游，并为藏经楼题写了"弹指楼"三个大字。

吴本泰问：何为"弹指楼"？

智一禅师说，佛经言，二十念为瞬，二十瞬为一弹指。人生过了六十，更加觉得光阴飞逝，不可追也，名为"弹指楼"，正是提醒众人要珍惜时光啊！

吴本泰听了，默然不语，沉吟半晌，若有所思。

他想起了上次的西溪之游，这一晃，已近十年。他常在梦中回到西溪，西溪那超然世外的气息也时常闪现在他的脑海之中。人生苦短，去日无多，又有多少人是在苦苦煎熬当中度过自己宝贵的一生的？

尽管做了官，生存无忧，但吴本泰的兴趣已从年轻时的追求功名，转向了读书游历。多少年间，他北游西征、东瞻南还，边走边看，边游边记。他的行囊中带着书，也随身带着笔墨，旅途之中所见所闻，都记之于笔端。他在这种生活里，品尝到了精神上的乐趣。正如古人言，读万卷书，行万里路。

而这样的生活，他并不能全情投入。人在官场，毕竟身有羁绊。他也向往智一那样自由自在的生活，但官场这一套世俗体系，并不是说不要就可以不要的。

正在这样的犹豫之中，明朝很快到了风雨飘摇的危急时刻。

崇祯十七年（1644），农民军入北京，明崇祯帝见回天无力，自缢于北京景山。随后清军入关，定都北京。

此时，虽有南明政权仍在抵抗，但吴本泰对于功名早已无意，加上年纪也大了，对于人生的想法已然冲淡许多。于是，他于清顺治四年（1647），当机立断离开京城，来到西溪避乱，卜居于此，隐世不出。

归隐，成了最适合吴本泰内心选择的道路，西溪，也成了吴本泰最好的归宿："余避兵奔窜，溯洄深入，宛然桃源也。遂卜筑焉。而同难诸君子亦麇至。暇则支短筇，或棹小舠，问某山、某水、某泉、某石、某所，饶梅、竹、皂、栎……仿佛其大都，谓游自此始也。"

这是一种自得其乐的生活方式。

吴本泰在"秋雪庵"附近买下一座庄园，参禅访道，著书立说。平日里，一些名士常常买棹过访，他们在芦苇深处相互唱和，共叹亡国之痛。

好的自然山水，是有治愈功用的。尤其是西溪这样的地方，对饱受亡国之痛折磨的吴本泰他们来说，更无异于世外桃源。在这里，吴本泰找到了另外一种安放身心的方式。

有感于西溪对他的精神抚慰，吴本泰为"秋雪庵"附近的景色作了诗，合为《秋雪八咏》，即仙岛荡、幔芦港、秋雪滩、莲花幢、杨柳城、蕢卜篱、护生堤、弹指楼。

由此，吴本泰将秋雪庵的美好，分别作了定格，传于后世。

更重要的是，吴本泰接过西溪法华寺广宾禅师未写完的《法华山伽蓝记》，将这部著作的内容，从法华山的寺院拓展为面向西溪的全境，由此写成了一部《西溪梵隐志》，成为西溪历史上第一本志书。

从这个意义上来说，吴本泰可谓"西溪文化的奠基之石"。

西溪著志

隐居于西溪，吴本泰身心俱安。因为不仅可清赏自然之妙趣，更为重要的是，他找到了可以安身立命的事情——著书。

明末清初，中原战火频仍，许多文人墨客避乱江南，隐入山林，西溪则成了文人相会之所。吴本泰来到西溪后，文人名士往来过从甚密，来严敏、洪吉臣、张懋谦、陆之越、沈自成、周星等，都经常雇船往来西溪。这些文人雅客在芦苇深处吟诗作赋，相互唱和切磋。对此，智一也深为感动，他有意让吴本泰将这些诗文辑成志书，以传后人。

后来，广宾禅师移居西溪法华山云栖别室。广宾禅师也是一位大家，他精通儒释两家经典，文采俊逸，曾撰有《西天目祖山志》《天竺山志》《径山志》等。

居西溪期间，广宾禅师着手撰写《法华山伽蓝记》。"伽蓝"，是梵文中"寺院"的意思。他在天目、天竺两山之中寻访，写作一部薄薄的佛寺志。谁知此书未竟，年方六十的广宾禅师突然故去。

作为广宾禅师的好友，智一禅师看到这份遗稿，将它交给了吴本泰，请吴本泰完成广宾禅师未竟之事业。

在智一等人的协助下，吴本泰以《法华山伽蓝记》草稿为蓝本，搜寻史料，多方寻访，扩充内容。其中资料所涉极多，有《咸淳临安志》《钱塘县志》《杭州府志》等等，以及苏轼、王安石、文徵明等名家作品与文本记录。

此书编成后，分为四类：一纪胜（纪名胜古迹），二纪刹（纪寺观庙庵），三纪诗（纪历代诗词），四纪文（纪历代碑文游记）。书的内容已不限于法华山的寺院，还包括西溪全境的所有寺庵、胜迹、别业、史事及人物，并更名为《西溪梵隐志》，可谓西溪历史文化的百科全书。

参与编撰此书的，除了吴本泰本人，还有秋雪庵寺僧智一，以及吴本泰的门人黄灿、黄灿之子黄圻。

第十四章 吴本泰：西溪梵隐，宛如平常一段歌

《西溪梵隐志》书影

当全书写完，吴本泰掷笔长吟，身心俱快。本来亲历了明亡入清，对故国有着亡国之痛、眷念之情的吴本泰，在西溪的自然山水之间，于心神聚一的修书撰文工作中，治愈了内心的伤痕。

七十多岁的吴本泰，在《西溪梵隐志》的编撰过程中，不专记寺庙，而是兼重隐逸，当然也有他自己的考量。翻开书页，山水、曲径、僧舍、茅庐，以及各种各样的风物、诗文分别呈现。

吴本泰与西溪的相遇，可谓是相互的成全。进入晚年的吴本泰，在西溪度过了一生中最为美好的时光，也为西溪留下了一部丰厚的精神遗产。隐于西溪，吴本泰读书不倦、笔耕不辍。他的主要著作，除了这一部《西溪梵隐志》，还包括《吴吏部集》《秋舫笺》以及《续论语颂》《使星堂纂》《梅里逸诗》等。

人养了山水，山水也在养人。对于西溪来说，《西溪梵隐志》自然是价值深远；对于吴本泰来说，这样一部书更有其沉甸甸的分量。

薪火相传

此后一百多年，《西溪梵隐志》悄然流传，绵延不绝。道光年间，杭州人吴彤文复加增订，又重新刊行。吴彤文五世居于西溪，对西溪有着深厚的情感，看到这一份文献，深感其价值，又收集遗逸部分，将原来没有收录的西溪胜迹、名蓝、幽踪、逸事，增补放入原书相关部分。其所增篇幅，几乎与原书相近。此外，又增添了不少西溪风土、物产、人物的描写，以及大量相关诗文，增补量达四百六十多条。

书中新增的"胜迹、名蓝"多取自《大清一统志》《浙江通志》《西湖志纂》《西湖游览志》等各地方志；增补的名家诗文则多取自前人文集，如《樊榭山房集》《高士奇集》《张秦亭诗集》《道古堂集》等。

尤为可贵的是，书中还收入了不少普通文人骚客的过溪泛舟之作。

清光绪年间，杭州的丁丙、丁申兄弟重新刊印《西溪梵隐志》，收入《武林掌故丛编》。丁氏的八千卷楼，是当时著名的藏书楼。

由此，《西溪梵隐志》的编纂，如同薪火相传，后来者不断增补修订，完善传承，终于成就了一部十余万字的专志，为西溪的历史文化保存了大量珍贵的资料。

若是吴本泰泉下有知，应该会深感欣慰吧。

几百年间，世事变幻，唯西溪山水明丽清野不变。西溪既有乡野丛林之趣，又有隐逸高雅之气。数百年间，隐身于西溪山水的文人墨客甚多，他们在这里生活，在这里创作，留下一段段耐人寻味的故事。《西溪梵隐志》既传承整理了之前的西溪历史，又开启了新的西溪文化，吴本泰与这部书，构成了西溪独特的气质与内涵。

参考文献

1. 洪钰：《〈西溪梵隐志〉研究》，硕士学位论文，浙江大学中国古典文献学专业，2009年。
2. 〔清〕丁丙辑：《武林掌故丛编》，载王国平总主编《杭州文献集成》，杭州出版社，2014年。

第十五章

厉鹗：草衣随缘，悄然忘机

不必把厉鹗的人生选择上升到多高的层次，他只是选择了自己喜欢做的事，他听从内心的选择，随心所欲，不谐于俗。这也使他的人生在另一个维度上抵达更高的层次。

厉鹗（1692—1752），字太鸿、雄飞，号樊榭、南湖花隐等，浙西词派中坚人物。清康熙五十九年（1720）举人，屡试进士不第，乾隆初举鸿博，又落第，后终身不仕。

厉鹗对科举功名的态度，由最初的热衷，到逐渐动摇，再到果断放弃。他终生布衣，贫穷潦倒，却在文学上做出了巨大的贡献。

他草衣随缘，悄然忘机，心境平和，似有大境界。有诗为证："多年不得诗书力，早晚烟波买钓舲。"

孤僻难入仕

如果不是因为自己坚决不同意，厉鹗几乎就要就出家做和尚了。

从这一点看，厉鹗从小就极有主见。

厉鹗生于康熙三十一年（1692）。他的先祖居于浙江慈溪，后来迁至钱塘。祖父大俊，父亲奇才，都是布衣。厉鹗在家排行第二，兄士泰，弟子山。

第十五章 厉鹗：草衣随缘，悄然忘机

厉鹗像

厉鹗家清贫，生活极为艰辛。厉鹗还在少年时，父亲就已去世，全家人只得靠厉鹗的兄长士泰以卖烟叶为生。家庭生活如此艰难，走投无路之时，厉鹗被兄长送进了一座庙宇，寄宿僧舍。本来，兄长希望他做个僧人，至少能吃饱饭了。这在当时的社会环境中也是常有之事，许多赤贫无路之人，最后投靠寺庙出家为僧，借以度日。

厉鹗想了想，寄宿僧舍可以，出家坚决不行。

寺院里的生活，深深影响了厉鹗的个性成长。他后来一生喜欢与方外之人交游，性格沉寂孤僻，喜欢安静闲寂。在他的许多诗词作品中，仿佛有一个僧人厉鹗的身影，在若隐若现。

即便是在寺院里生活，他也坚持读书，相当刻苦。他读书涉猎很广，读书数年后开始学诗，时有佳句。"书无所不窥,所得皆用之于诗"，年纪不大时,已有诗名在外。

二十来岁时，厉鹗与杭可庵一同游学，进一步扩展

了自己的学识。杭可庵的儿子杭世骏，比他小三岁，两人结识后因志趣相投，就此成为一生的密友与知己。

杭世骏（1695—1773），清代文人、画家，字大宗，号堇浦，别号智光居士、秦亭老民、春水老人、阿骏等，室名道古堂，仁和（今杭州）人，居大方伯里。

杭世骏家藏书之富，甲于武林。这给了杭世骏极大的滋养，同样也给了厉鹗学养上的帮助。杭世骏后来中举人，乾隆元年举鸿博，以第一等及第，而后当上了编修，参加过武英殿《十三经》和《二十四史》的刊刻，一帆风顺。乾隆八年（1743），因上疏言事，遭到皇帝的诘问，遂前程尽毁，革职回家，以奉养老母、攻读著述为事。数年后，得以平反，官复原职。晚年在广东粤秀和江苏扬州两书院主讲。在书画上造诣都很深，善写梅竹、山水小品，疏澹有逸致。生平勤力学术，著述颇丰，著有《道古堂集》《榕桂堂集》等。

杭世骏与厉鹗齐名，并称"厉杭"。前半辈子虽然也有坎坷，总体还算平顺，沿着古代读书人的惯常发展路径这一路下来，读书做官，著述教书，革过职，平过反，如此而已。相比之下，他的好友厉鹗，虽然同样才华横溢，人生之路就艰辛多了。

厉鹗二十多岁，就写了《游仙百咏》，也就是一百首游仙诗。

游仙诗这个诗歌题材，在中国传统诗歌里一直是比较有特色的题材，主要以遨游仙境为主题，当然也有在某些名山大川偶遇仙人的内容。游仙诗历朝历代都有人写，魏晋时期的郭璞，唐代的曹唐，还有李白，都写过很多游仙诗。但厉鹗似乎更加偏爱这个题材，没多久又写了《续游仙百咏》。到了二十四岁时，还写了《再续游仙百咏》。就这样，光是游仙诗，厉鹗就写了三百首。

这些游仙诗受到了各界的赞誉，"借文翰为遨游，真可谓尽名士之才情，极仙人之本色"。他自己也颇有些自得："昔谢逸作蝴蝶诗三百首，人呼为'谢蝴蝶'。世有知我者，其将以予为'厉游仙'乎？"

后来有人称厉鹗为"樊榭老仙"，可能与此有关。

厉鹗性格孤僻，也有点社交恐惧症，不喜跟人打交道。人的性格决定人的命运。这个不喜交际、不擅言谈、不谙世事之人，最大的爱好，就是行游山水，最大的成就，就是吟诗作词。

浙江山水清丽秀美，激发了一个诗人的天赋。厉鹗每"遇一胜境，则必鼓棹而登，足之所涉，必寓诸目，目之所睹，必识诸心"。徜徉于大自然当中，他的天真之心、诗意之心，都被激活了，行而游，感而发，作诗极多。

作为一个读书人，在那个时代，最好的出路就是通过科举考取功名。年轻时的厉鹗亦不例外。自然，人生的道路都是要去尝试以后，才知道自己最适合做什么。厉鹗的仕途，的确不怎么顺利。

二十九岁，厉鹗在浙江乡试时中了举人。接下来是入京会试。那是他第一次入京，兴奋之情可想而知。考试时厉鹗没有发挥好，落第了。但是，浙籍同乡前辈、老诗人、时任吏部侍郎兼翰林院掌院学士的汤右曾很欣赏厉鹗，特意派人问候，准备把厉鹗招到自家馆中教学。可第二天派人去迎接时，却惊讶地发现，厉鹗一声招呼都不打,就顾自离京了。

用世俗的观点来看,汤右曾当时权重位高,如果能结识这样一位同乡当道,对厉鹗将来大有好处。不管是进科及第,还是仕途做官,多个人脉就多条路。况且,两人都是浙江诗人,汤右曾还是前辈,厉鹗出于礼节,也应该以晚辈的身份前去拜谢一下尊长,这也是人之常情。但是大家都没有想到,厉鹗的表现会如此出人意料。

厉鹗这样做,原因有二:一是他性格清高,要是考上了还好说,考不上,还要寄身于权贵篱下,自己心理上过不去这一关;二是他恐惧社交,尤其是与高官结交,恐怕说话都不自如,磕磕绊绊,索性就逃避现实。

正是厉鹗这种异于常人的举动,反映了他真实的性格;也正是他这种天真的性格,造就了他后来在文学上的成就。

人无完人,我们不能苛求一个人样样都完美。正是那些有着缺点的人,才更加真实可爱。

后来一次进京,就是十六年之后的事了。那一次,厉鹗被浙江总督程元章举荐博学鸿词入京。但是,也由于种种原因,厉鹗没有做成官。据杭世骏《词科掌录》记载,厉鹗当时四十五岁,居于浙江省举荐人之首,可见厉鹗的才气与名声之盛。但是,就在答卷时,他误将"论"写在"诗"前,不合规定程式,抱憾而回。

对此,外界也多有猜测。有人认为,是不是厉鹗不想当官,才出此下策。可在当时,科举是件极为严肃的事情,若是明知科举纪律而故意对着干,恐怕是要掉脑袋的,厉鹗不会不知道科举的严肃性。对此,只能说厉鹗的功名之路缺少了些运气，犯了一个低级错误。

这次赴京应试，友人全祖望专门自京师诒书相劝，又加上同人劝说强求，厉鹗才勉强应试。这样的结局，让厉鹗自己也颇为后悔，他说："吾本无宦情，今得遂幽慵之性，菽水以奉老亲，薄愿毕矣……"意思就是说，我厉鹗实在没有当官的那个意思。

由此，厉鹗算是断了仕途的念想。

山水事幽讨

如果把厉鹗的人生做一个盘点，可以发现大致可分三个阶段：

一是二十九岁中举之前，他在杭州生活，以读书、教书为主，兼与友人行游。二十多岁时，厉鹗受聘在汪舍亭家教书，教汪家的两个孩子——汪浦、汪沆。在这里，他受到礼遇，饮食居住，都得到了很好的照顾。厉鹗也极尽教师之责，认真授业。在他的悉心教授下，汪浦、汪沆学业大有长进，尤其是汪沆，后来也成为一位名士，并始终感激自己的恩师。

二是二十九岁之后，四十五岁之前。这段时期，厉鹗经历了两次会试，一次举荐应试。在此过程中，他对科举功名的态度，由最初的热衷，到逐渐动摇，再到果断放弃。对此，他有一句诗为证："多年不得诗书力，早晚烟波买钓舲。"

三是四十五岁之后，他隐居不仕，专心为文，不作上竿之鱼，扩大了自己的交游圈和在文坛的声望与成就。

人最难的是认识自己。只有认识自己，才能对人生道路作出正确的规划与判断。

厉鹗一生有许多机会跻身仕途，但他自知孤僻之性格、恐交之现实，实非当官的材料，因此并不怎么热衷于功名仕途。开始还半推半就去试一试，到了最后，索性断了念想。

断了念想，也就一身轻松。

"风尘耻作吏，山水事幽讨。"

"剑气横秋，诗肠涤雪，风尘湖海年年。三径归来，慵将身事笺天。"

厉鹗的诗词中，时时坦露出自己绝尘出世的愿望。

虽然没有做官，但在当时，厉鹗已是声名在外，很多当时的社会名流，都愿意和厉鹗结交。随着诗名的传播，厉鹗与更多的文人结成了朋友，更与周京、金志章、符曾、金农等人交往甚密，大家常常在一起，以文会友，赋诗为乐。

厉鹗喜欢跟性情相投、地位对等的人交流。除了几次北上入京，他的活动足迹多在江南一带，往来者也不过是些在野诗人，如全祖望、杭世骏等。

即便是授馆教学，厉鹗也没有选择在京城权贵家中，而是选择了扬州的二马兄弟。

二马，即扬州盐商马曰琯、马曰璐两兄弟。马家藏书丰富，据说后来四库全书馆设立的时候，马家私人捐赠的书就有七百余种,为全国之最。马氏兄弟崇尚风雅,喜好诗文歌酒,将厉鹗视为上宾,结社酬唱多年。在马氏兄弟的小玲珑山馆,厉鹗供养优厚,心境自由,也因此才前后断断续续来往近三十年。

在扬州的小玲珑山馆里,厉鹗阅读了大量书籍,他与马氏兄弟、杭世骏等文朋诗友结为邗江吟社,切磋探讨,考证掌故,写诗唱和,"觞咏无虚日"。

清啸坐忘机

厉鹗的另一半时间,则居于杭州,写诗作赋。一部《樊榭山房集》,可以说是"十诗九山水"。

这也与厉鹗的个性和生存状态有密切的关系。他是个纯粹的文人。在他身上,既没有古代知识分子那种建

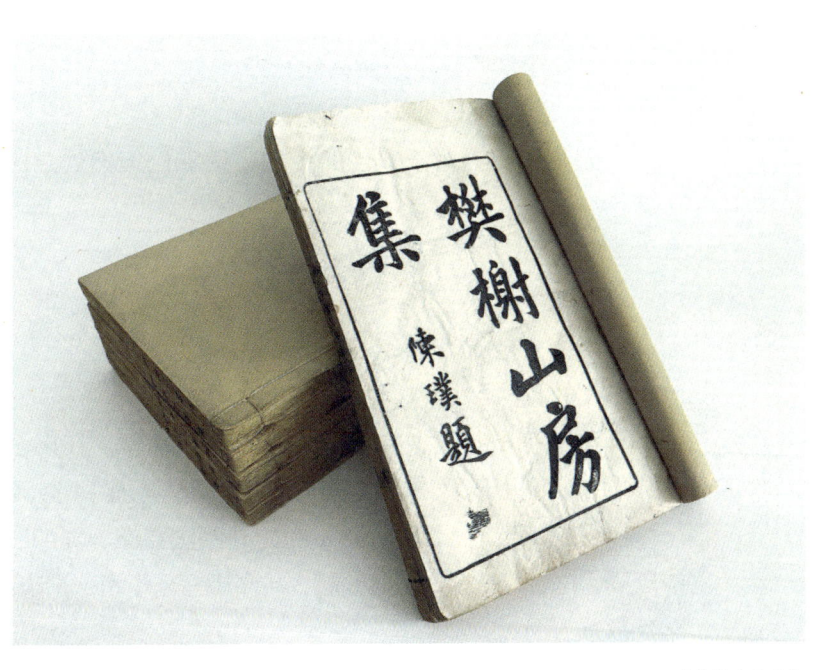

《樊榭山房集》

功立业的远大理想、以天下为己任的宏伟抱负，也没有种种豪言壮语，或者一旦失意就怨天尤人的孤愤之情。

厉鹗的个性极为散淡。他草衣随缘，悄然忘机，心境平和，似有大境界。

厉鹗终生布衣，贫穷潦倒。除了在授馆之时衣食无忧之外，许多时候还是相当困窘的。如乾隆七年（1742），厉鹗五十一岁时，过端午节十分拮据，幸亏好朋友桑调元（字弢甫）借了十两银子济助他。他因感而赋，作《午节贫甚弢甫冒雨以白金十两假我赋此奉谢》诗一首，从诗中即可见，其处境贫困，常靠朋友们接济度日。

到了晚年，厉鹗更是贫病交加。与他结伴半生的朱姬先他而去，他为亡妾写下《悼亡姬》十二首，可以说是字字血泪。此后，厉鹗身体更加孱弱，不断地受着肺病、齿痛等疾的折磨。他的生活靠朋友们馈赠、补助，勉强维持。因年老无子，马曰琯又资助他再次纳妾刘姬。但是，刘姬不安于贫困，不久便离他而去。

即便如此，对于人生的变故，厉鹗仍坦然处之，甘愿恬淡。

雍正年间，全祖望路过杭州，与厉鹗、杭世骏等结交，也成为诗社之友。

厉鹗笔耕不辍，从康熙末年到雍正初年，在出游吟咏之余，撰写了《南宋院画录》8卷、《秋林琴雅》4卷、《东城杂记》2卷、《湖船录》1卷，并同沈嘉辙、吴焯、陈芝光、符曾、赵昱、赵信一起，共同撰写了《南宋杂事诗》7卷。

厉鹗始终不渝，专攻诗词，呕心沥血，自辟蹊径，最终在诗词创作、文史著述上取得的成就，让世人有目共睹。他独领风骚，成为"浙派"一支的创始人、领袖，引领江浙吟坛三十余年。

晚年的厉鹗，有感于《辽史》的简略，采撷三百多种书籍，写出《辽史拾遗》二十四卷。这部书有注有补，以旧史为纲，参考他书条列于下，凡有异同，都分析考证，加以按语。他常自比裴松之作《三国志》注。他还利用在小玲珑山馆里看到的大量宋人文集，博引诗话、说部、山经、海志等书，撰写了《宋诗纪事》一百卷。

这两部力作，足以让他名垂青史。

《四库全书总目提要》称厉鹗"生平博洽群书，尤熟于宋事"，称其诗"吐属娴雅，有修洁自喜之致"；《清史稿》则评厉鹗"性孤峭，不苟合"，其诗"幽新隽妙，

厉杭二公祠

"厉鹗吟咏"雕塑

刻琢研炼"。

乾隆十七年（1752）秋天，厉鹗病重。九月十日，他对汪沆说道："予平生不谐于俗……"次日辞世。众友人哀叹："今而后江淮之吟事衰矣！"

厉鹗的隐居，隐出了读书人的一片真气、一道风骨，也隐出了文人的一派天真、一脉豪情。

这是一个洁身自好，悠然游离于社会旋涡之外的文人。他常常在西溪的如雪芦苇之间行走，悠然忘机；也常焚香独坐，抚琴吟诗，天人合一，物我两忘。

而今，厉鹗与杭世骏的祠堂"厉杭二公祠"还存于杭州的西溪湿地内，后人瞻仰之时，又观西溪自然山水，颇可感受厉公的草衣随缘、悄然忘机。再读其诗，又可以感受他内心那一份宁静与闲寂：

在《雨后坐孤山》一诗中，他说："能耽清景须知足，若逐浮名愧不才。"

在《湘月》一词中，更是自得："何地更著功名？天教老子、付垂纶闲手。"

厉鹗有一首词《忆旧游》："忘机。悄无语，坐雁底焚香，蛩外弦诗。又送萧萧响，尽平沙霜信，吹上僧衣。凭高一声弹指，天地入斜晖。已隔断尘喧，门前弄月渔艇归。"

这种人与自然的对话及和谐关系，使人仿佛进入一种空灵的境界。或许，在这样的时刻，厉鹗会重新回到少年时寄宿僧寺的夜晚，那些萧萧天籁、平沙霜信，将会悄悄降临在他的僧衣之上。而表面上他着不着僧衣衲鞋，已全然没有分别。

这是一种顿悟，悟出的是自由人生中的真谛。

参考文献

1. 申屠青松：《厉鹗年谱长编》，浙江工商大学出版社，2016年。
2. 〔清〕厉鹗注，〔清〕董兆熊注，陈九思标校：《樊榭山房集》，上海古籍出版社，2012年。
3. 夏飘飘：《厉鹗与康乾诗坛》，博士学位论文，浙江大学中国古代文学专业，2014年。
4. 范梦姣：《厉鹗文学思想研究》，硕士学位论文，湖南师范大学文艺学专业，2014年。
5. 夏飘飘：《厉鹗入京与入仕考述》，《浙江树人大学学报（人文社会科学）》2015年第6期。

第十六章 俞樾：花落春仍在

三十岁中进士，入翰林院，授庶吉士，亦曾担任翰林院编修及河南学政等职。仅七年，遭御史弹劾，罪名是"出题试士，割裂经文"，遂被削职，归田。三十七岁的俞曲园，人生出现重要拐点，从此退隐，结庐西湖，以另一种方式实现生命突围。

如跟其他士子一样，沿着读书做官的道路惯性前行，则运势再好，俞樾也不过是个官员而已。命运的捉弄，是祸也是福，坎坷与困境带给人思考人生的机会。三十多岁遭人弹劾，断去从仕之路径，对于别人或许已是穷途末路，对于俞樾来说，却是柳暗花明。这次人生的重要转折，促使俞樾走向退隐归田、治学立说的道路，并以一个崭新的生存方式，实现了生命的突围。

罢官记

"花落春仍在，天时尚艳阳。"

清道光三十年（1850），俞樾中了进士，离他中举已是六年前的事了。看到发榜上自己和兄长俞林的名字赫然在列，俞樾百感交集。

会试发榜十天后，要进行殿试，殿试过后是朝考。这一年朝考的题目，是以"淡烟疏雨落花天"为题写一首诗，并铺展成文。这个题目意境虽美，但有一种伤春悲秋的颓废气息。只是，俞樾看到这个题目，写下了"花落春仍在"的句子，呈现了精神昂扬的一面。

第十六章 俞樾：花落春仍在

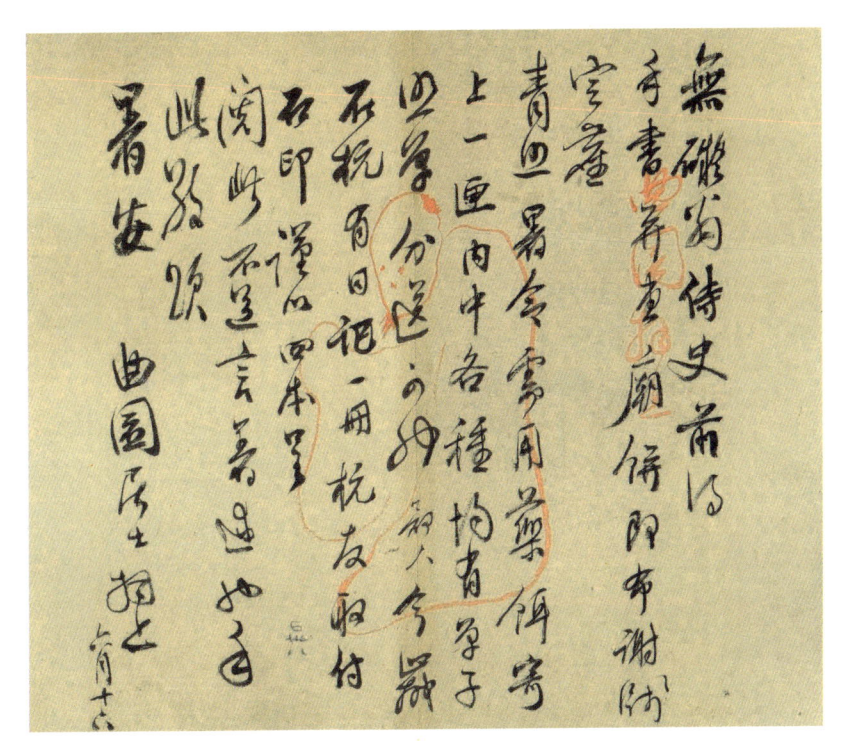

俞樾手札

几天之后发布消息，俞樾在朝考时中了头名。

后来，俞樾才知道，这个头名是曾国藩力荐的。

曾国藩当时与主管科举的礼部尚书同为该部堂官，在这次阅卷中有很大的发言权。大部分考生都写了落花的悲伤低沉之意，唯有俞樾诗文里有昂扬明朗之意。一句"花落春仍在"让曾国藩抚案激赏，曰："此与'将飞更作回风舞，已落犹成半面妆'相似，他日所至，未可量也。"于是名上金榜，赐进士出身，改翰林院庶吉士。

庶吉士是朝廷的人才储备库，也是士子们步入仕途的起点。

修业三年期满之后，俞樾得咸丰皇帝召见后，被任命为翰林院编修，成为真正的翰林。后又受咸丰皇帝赏识，放任河南学政。

到了河南之后，俞樾便投入到紧张的工作之中。他的任务是为朝廷招选人才，希望能通过科举考试，使真正有才能的人步入仕途，为国效力。

他怎么也没有想到，咸丰七年（1857）秋闱过后，御史曹登庸上书参劾俞樾"试题割裂经义"，有戏君、反君之意，遂被罢官。

人生之事，真如塞翁失马，自河南学政任上被弹劾，永不叙用，对于世俗的人生来说无异于天大的打击，但对俞樾来说，却促成了他人生方向的突围。

从此，俞樾走上了一条艰辛的讲学、治经之路。

罢官之后的俞樾不得不为生计奔波。听说苏州紫阳书院讲席有了空缺，俞樾便去苏州教书。但是好景不长，战争的到来打破了宁静的生活。俞樾携家人从德清、上虞、定海、上海一路避乱奔波，之后又租了一条小船在黄浦江上生活了一段时间，然后抵达天津。然而，寄居天津的日子比想象中的还要艰难。

被罢官后，俞樾十年没有跟恩师曾国藩联系过，不是不想联系，而是他仕途停滞，深感有愧于恩师当初的殷殷期许。直到十年后，他与同年李鸿章在南京见面聊天，李鸿章说起恩师还问到他的情况，俞樾才觉得，是应该给恩师写一封信了。

很快，俞越收到了曾国藩写来的回信，这让俞樾十分感动。曾国藩盛情邀请俞樾到他上任的两江总督府里见面。当天夜里，二人秉烛夜谈，直至东方露白。受曾国藩的热情挽留，俞樾在总督府里住了二十余天才回去。

"花落春仍在。"事隔多年，曾国藩仍然深刻地记着当初俞樾写在试卷上的那句诗。多年以后，曾国藩还帮俞樾在苏州马医科巷隐居的庭宅"曲园"题写了书斋名"春在堂"。

这书斋的名字，正是从那句"花落春仍在"中摘取而来的。一来，是纪念昔日的辉煌起点；二来，表示自己虽罢官，"花落"，但志气不衰，"春仍在"。当初在朝考卷子上写下的首句诗，竟与俞樾的一生轨迹相印相合。

立说记

俞樾（1821—1907），字荫甫，自号曲园居士，浙江德清人，清末著名学者，文学家、经学家、古文字学家、书法家。他是现代诗人俞平伯的曾祖父，章太炎、吴昌硕、日本汉学家井上陈政皆出其门下，被称作"一代大儒"。

罢官之后起初的那一段生活，是俞樾人生中最为动荡、思想最为迷惘的时期。之前所受的教育与训练，都是为了仕宦之路而准备的，突然被罢官，即便是生性超脱旷达的俞樾，心中也不免充满迷茫失望的情绪。

在几年之中，他颠沛流离，辗转于苏州、上虞、上海、天津各地，声名未著，坐吃山空，经常要靠借贷为生。在那样艰困的生活之中，他逐渐找到了一个人生的目标，希望"立言"以传世。使他名满天下的《群经平议》和《诸子平议》就是在这一时期完成的。

讀徧道德五千字

光緒丁亥五月

兀ハ總朗四部書

曲園俞樾

俞樾书法

著作完成，刊刻是个大问题。他连基本的生活问题都解决不了，哪有能力刊刻著作呢？好在这时天津有一个富家子弟张汝霖，也是读书人，平时与读书人来往比较多。他听说俞樾有著作后，就把书稿拿去读了一遍，把自己最感兴趣的《考工记世室重屋明堂考》单独拿出来刊刻行世。虽然只有一卷，但也是俞樾著作在社会流传的开端。

但俞樾多么希望能刊刻全书啊！他开始求助于师友，即便是多年未曾联系的师友。他想到昔日的座师祁寯藻（号春圃），其在殿阁中枢任要职，应该有能力提携后进。于是，俞樾给祁寯藻写了一封言辞恳切的信，表达对座师的敬仰，详述自己自官场罢免之后以著述为业的情况，并将自己的著述目录也一并附上。

不久，祁公果然回信，询问其他各卷的情形，于是俞樾又写了一封《再上春圃相国》，进一步谈到刊刻之事。然而让俞樾失望的是，这封信写出不久，因为祁公老疾频作，一年多后才收到对方回信，此时俞樾已回苏州。收到回信后不久，祁公也去世了，而刊刻之事仍遥遥无期。

俞樾当时的生计十分困顿。他在官府邸报中看到李鸿章被任命为两江总督，就不揣冒昧去信请求帮忙谋事，不久果然接到了李鸿章的回信。信中不仅重叙师门之谊，而且说苏州紫阳书院教席有一空缺，已推荐俞樾前往。同治四年（1865）秋天，俞樾回到了苏州，结束了流离动荡的漂泊生涯，开始在苏州紫阳书院教书上课。

俞樾主讲紫阳书院，每年只有四百两银子的收入，但有一大家了人要抚养，经常入不敷出。

为了让《群经平议》能刊刻出版，俞樾不断往返于苏浙沪，寻找出版机会。同治四年冬天，俞樾到杭州拜会浙江巡抚蒋益澧，后者爽快答应愿意出钱百万相助，商定在第二年春天便写定开刻。

之后，俞樾又去拜访杭州太守刘汝璆。刘太守为官清正，家境清贫，派人从钱庄借来洋钱四十枚，帮助俞樾在刊刻之前找人写个副本。

《群经平议》刊刻过程一波三折，进程缓慢，俞樾一直很不安心且无奈。后来蒋益澧调离浙江，刘太守也调走了，校刊者高均儒也卧病不起，俞樾心中十分焦虑。对于俞樾来说，他对官场之事都已超脱，但对书的刊刻却极为在意，因为那是他新的人生、有意义的人生的开端。他一生所寄予希望的人生目标便是"立言"，这也是他生活的意义。

立言藏之名山，传之后世。

他对自己重新选择的道路，充满了自豪感。

同治六年（1867）春天，《群经平议》终于在杭州刊刻完成，全书共有三十五卷。这部书和随后出版的《诸子平议》，奠定了俞樾在古文经学界的地位，也给他带来了极高的声誉。

此后，他的其他著述，如《古书疑义举例》《宾萌集》《宾萌外集》《曲园杂纂》《春在堂诗编》《湖楼笔谈》《春在堂杂文》《第一楼丛书》《俞楼杂纂》等都相继刊刻出版，各方人士争相资助，成为文坛雅事。

在苏州紫阳书院主讲两年后，俞樾前往拜访浙江巡抚马新贻。马新贻已读过俞樾的《群经平议》，竭力邀请俞樾到杭州主讲诂经精舍。俞樾欣然答应，到杭州任诂经精舍的山长。

这时，他已经四十七岁。

诂经精舍是当时杭州城里最好的学校之一，当时杭州的高等学府，还有敷文书院、崇文书院、紫阳书院三所官办书院。在诂经精舍任教的三十一年间，俞樾培养了一批又一批学有所成的人才。清中叶以来的两浙学者，虽然不是全部出身于诂经精舍，但卓有成就者，大半出于此。

俞樾的家在苏州，每年他都不断在杭州与苏州之间往返。春节过后到杭州上课，初夏返苏州消夏，初秋重阳节前后返回上课，新年前再回苏州，三十余年间都是如此。

俞樾是相信自己有湖山之缘的，后来他还作了一首词，开篇便是"琴书跌宕，老作西湖长"。

俞楼记

曾国藩曾将同年乡榜的李鸿章（号少荃）、俞曲园作过比较："李少荃拼命做官，俞荫甫拼命著书。"

在曾国藩心中，俞樾的确是著书立说的一介书生。这两个门生，一个拼命做官，一个拼命著书，都是积极追求人生的价值，立功立言，以垂名青史。曾国藩是能够理解这两个门生的人生追求的。

从苏州到杭州，俞樾潜心学术达四十余年。治学以经学为主，旁及诸子学、史学、训诂学，乃至戏曲、诗词、小说、书法等，可谓博大精深。他勤奋治学，著述甚丰，有五百余卷。

俞樾先后主讲过苏州紫阳书院、杭州诂经精舍、德清清溪书院、菱湖龙湖书院，海内外慕名求学者络绎不绝，号称"门秀三千"，国学大师章太炎、书画家吴昌硕皆出其门下。海内及日本、朝鲜等国向他求学者甚众，尊之为"朴学大师"。

清光绪三年（1877），俞樾掌教诂经精舍十周年时，以徐琪（字花农）为首的俞樾众弟子共同出资，为恩师在孤山南麓营建了一所私宅。此举亦得到俞樾老友彭玉麟的资助。

光绪五年（1879）春天，俞楼正式落成，花木泉石，布置妥当。这里虽说是"小曲园"，但规模要比苏州的曲园大得多。正门两边是俞樾自题的一副对联，上联是"合

俞楼因俞樾而得名

名臣名士为我筑楼,不待五百年后,斯楼成矣",下联是"傍山北山南循地选胜,适在六一泉侧,其胜如何"。

此楼依山面湖,坐收里外湖之胜,四时花木点缀其中,是个读书著说、讲经会友的佳处。俞楼落成时,徐琪写了一篇《俞楼记》:

> 吾师曲园先生自中州还,杜门却扫,一意以著书自娱。其高洁不在两贤下,而羽翼经训,启迪来学,则又似过之。然子陵有垂钓之台,君复擅巢居之阁,而先生主讲湖上,课院而外,未谋游息之区,非所以慰山林也。于是,同门诸子,度地于六一泉侧,得地数弓,面湖枕冈,极幽秀之趣。其山即孤山也,与君复可把臂而语;登山南望,富春帆影落樽俎间,而子陵钓矶出没云雾,又如遥相揖让者,以先生而居此,庶其宜乎!

文中提到的"两贤":一是"子陵",即东汉时期富春江上隐居的严子陵;一是"君复",即北宋时隐居西湖孤山的林逋。徐琪将俞樾与林逋、严子陵相比,认为俞樾在教育后人方面,比"两贤"更出色,在西湖孤山筑俞楼,使俞樾居于此地与两浙古贤比肩,最合适不过。

"曾向西泠桥下坐,安知他日有俞楼?"想当年,俞樾被人从官场弹劾,南北辗转流离之时,哪里会想到有一天会在西湖边落下脚来,又能由众弟子合力筑成一座俞楼?

孤山上的俞楼,也是近代孤山建起的第一所民宅,时人称之为"西湖第一楼"。

此后二十余年,俞曲园在俞楼安心著书立说,直到七十八岁辞去诂经精舍山长一职。终其一生,"存出世之心,行入世之事"。他的出世,是他超脱旷达,对现实中的功名利禄不再挂怀;他的入世,是他最重要的人生追求在于著书立说,最大的人生乐趣在于著述能够刊刻流传,最高的希望是经学命脉能绵延相继。

"拼命著述"或许对别人是一件苦差事,对他而言却是一种快乐,这也成为他生命中的精神寄托,由此感到自己的生存价值与人生意义。

在《春在堂随笔》中,俞樾记录了一件事:俞楼有很多老鼠,每天晚上活跃,把蜡烛都咬烂了。他想或许是老鼠肚子饿了,就每天晚上放一只饼在案头,后来老鼠就不吃蜡烛,转而吃饼了。他由此想到"一物有一命",万物皆平等。从这里,也可以看出俞樾后来的思想,是超越了普通世俗的眼光的。

简朴的生活,使俞樾的思想在平静超脱中,又蕴含着深沉与凝重。大道至简,宠辱皆忘,俞樾由此走向心灵的更高境界,终成一代经学大师。他留下了无数著作,收在《春在堂全书》中的各学科著作就达数百卷之巨;他给这世间留下的精神财富,影响就更为广泛深远了。

参考文献

1. 马晓坤：《清季淳儒：俞樾传》，浙江人民出版社，2006年。
2. 汪少华整理：《俞樾书信集》，上海人民出版社，2019年。
3. 俞润民、陈煦：《德清俞氏：俞樾、俞陛云、俞平伯》，中国人民大学出版社，1999年。
4. 张欣：《花落春仍在——俞樾和他的弟子》，广东教育出版社，2006年。
5. 谢超凡：《游心与呈艺——晚清文化视阈下的俞樾及其文学著述》，人民出版社，2009年。
6. 陈节：《俞樾评传》，《明清小说研究》1999年第4期。
7. 张嘉巽：《俞曲园临终"十别"诗》，《苏州杂志》2011年第5期。

丛书编辑部

艾晓静　包可汗　安蓉泉　李方存　杨　流
杨海燕　肖华燕　吴云倩　何晓原　张美虎
陈　波　陈炯磊　尚佐文　周小忠　胡征宇
姜青青　钱登科　郭泰鸿　陶文杰　潘韶京
（按姓氏笔画排序）

特别鸣谢

楼含松　卢敦基　江弱水（系列专家组）
魏皓奔　赵一新　孙玉卿（综合专家组）
夏　烈　郭　梅（文艺评论家审读组）

图片作者

李　伟　张　煜　张国栋　周兔英　郑从礼
韩　盛　锈　剑（按姓氏笔画排序）